凄いことはアッサリ起きる!
夢を叶える17の法則

山崎拓巳

大和書房

プロローグ

今の自分は、過去の経験でできる。
ボクは少しばかり、振り返ってみる。
あの頃のボクと思い出の中で遭遇すると、全てが奇跡だったことに気づくんです。

あの日、あの場所に行かなかったら。
あの時、あのひと言を聞き逃したなら。
あの場所、あの人が来てなかったら。

幸せな人は……幸福に敏感で、不幸に鈍感な人。
不幸せな人は……不幸に敏感で、幸福に鈍感な人。
何に敏感で、何に鈍感なのか?
感覚の規準を作るのも経験なのです。

ボクの人生の追体験。
ボクと人生の共同体験を、楽しんでみて下さい。

夢を叶える
17の法則
目次

プロローグ …… *3*

最初の法則 **人の喜ぶことをする**
　Episode 1　自分は何者か …… *9*

第2の法則 **ワクワクできる方向へ舵を切る**
　Episode 2　自分はどこに向かうのか …… *19*

第3の法則 **新しい考え方に自分を馴染ませる**
　Episode 3　影響されるのは悪いことか …… *27*

第4の法則 **目標を定め、心を決める**
　Episode 4　なぜ目標を決めるのか …… *45*

第5の法則 なにげないメッセージに耳を澄ます
Episode 5 動けないのはなぜなのか ……63

第6の法則 未来に意識を伸ばす
Episode 6 いまだけが大切か ……71

第7の法則 自分をワクワクさせる
Episode 7 どんな自分で生きたいか ……83

第8の法則 憧れる成功者に会う
Episode 8 メンターは誰か ……97

第9の法則 逃げ道を確保しておく
Episode 9 臆病な心とどう向き合うか ……109

第10の法則 ゴールを意識し続ける
Episode 10 なぜゴールが見えないのか ……115

第11の法則 目の前の意味を変える
Episode 11 達成した先に何があるか ……123

第12の法則 **学べる環境をデザインする**
Episode 12 誰と、どこに立ちたいか……145

第13の法則 **自分の心の声を聞いてみる**
Episode 13 その人生を歩んでいくのは誰か……155

第14の法則 **思考のテーマを変える**
Episode 14 使命は何か……165

第15の法則 **身近な人の存在に感謝する**
Episode 15 人は一人でも生きられるか……171

第16の法則 **努力の質を変える**
Episode 16 人生の美学を貫けるか……191

第17の法則 **人生という映画の主役を生きる**
Episode 17 さらなる自分に挑戦できるか……201

エピローグ……221

最初の法則

人の喜ぶことをする

人間関係の達人がどの業界でも大きな結果を出している。
そうだからこそ思い悩むのも人間関係だったりする。
ポイントは、二つある。
「どんな自分」で「どんなその人」と、だ。
人は自分の中にいろんな自分を持っている。
優しい自分、激しい自分、強い自分、弱い自分、傲慢な自分、謙虚な自分……。
どんな自分でその人と対面する?
その人の中のどんな面とおつき合いをしていく?
これは一生かけて学び続けるお題だと思っている。
人について学び、人について知るとき、道は開ける。
シンプルに考えると究極の答えが見つかりそうだ。
嫌なことをする人のことを人は嫌い、良いことをしてくれる人のことを好く。

Episode 1

自分は何者か

大学三年生を目前とした、春を待ちわびる二月のことだ。

二一歳になろうとする二ヶ月前にボクは自分の事業をスタートした。

自分で仕事を始められる喜びと、このビジネスの可能性に陶酔した。

出会うもの、耳に入る情報全てが刺激的で、ボクの中でキラキラ輝いた。

ボクの人生が大きく動きはじめたのは、仕事を始めるようになってからだ。

人間関係というものに臆病になっていたボクは毎日、発見の連続だった。

そのころ、いろんな疑問がまとわりついて、悩んでいた。

うまくいかないのはボクのミスなのか、まわりの理解力がないのか?

ボクはある意味、仕事することで傷ついた心を癒すことができた。

「ボクのことなんか、誰もわかってくれない!」と下を向いてたボクの心は少し笑顔を取り戻しはじめていた。

「ああ、わかってきた、そういうことが大切なんだ」
「人の短所を指摘するより、長所を見つけてあげられることが大切なんだ」
「あの人があのとき、あの選択肢を選んだ意味が解った！」

どんどん、どんどん、自分を組み替え、再構築していった。
足して再構築、足して再構築。
いらないものは抜いて、外して……潔く学び、足して引いて……。
そうやって、切り替えて、今のボクになってきた。
それは今も続いている。

学ぶことが好きだ。
学ぶことで安全な未来が広がっていく。
学ぶことで癒される。

事業を始めたとき、仲間四〇人に声をかけて、興味を持ってくれたのは二人だけだ

った。その二人も、渋々の渋顔。「しかたない」っていうモードで賛同してくれた。

その時、気づいた。

「これはダメだ」

仕事内容がどうとか、難しいとかじゃなくて、ボクが好かれていないと思った。

まわりを変えるのではなく、自分を変えなければいけない。

全てがうまくいくような自分を想定し、その自分の役を演じはじめた。

優しくあること。
親切であること。
人を尊重すること。
愛を持って、敬意を持って接すること。
人の間違いを許せること。

思いつく限りのことを行動に移した。

そんな自分で行動できる場面を見つけると、チャンスだと感じワクワクした。

自分を変えていく過程で人に助言された。

「最近のタクって嘘っぽいよ」
「媚び売って生きてるの？」

ボクは遠慮なく堂々と答えた。

「ボクは変わったんだ」

こう思っていた。

今、初めてボクと出会う人たちはこのボクが従来のボクだと思うし、昔の友達は近い将来、「あぁ、タクって変わったなぁ」って思うときが来る。

ボクはテレもなく、あっさりと芸風を変えるんだ。
そうやっていくと、こんなボクについてくる人たちが現れた。

滅茶苦茶、嬉しかった。ボクのことを信じて、頼ってくれる仲間が現れたのだ。

「この人たちを成功させなければ」と意気込んだ。

「この人たちを素晴らしい人に変えねば」と気合いが入った。

「もっと考えなさい！　ボクはそれはダメだと思うよ！」

「うー！　それじゃダメだ！」

勢い余って、ついつい間違いばかりに目がいってしまう。

ボクの中にある「成功者たるものはこうあるべき」というカタに入れたくなる。

そんなことをしているうちに人はついてこられなくなり、引いていく、離れていく。

「なぜ、みんな素直にボクの話を聞いてくれないんだろう？」って思った。

その疑問の答えが見つからない。

堂々巡りの果て、こんなところに辿り着いた。

そこに答えがあるような予感がした。

「では、一体ボクはどんな人の話を素直に聞いてるんだろう？」

ボクだって素直じゃない。
ボクが素直に聞ける相手は……。

ボクの話を聞いてくれる人の話を、ボクは真剣に聞いている。
ボクのことを褒(ほ)めてくれる人、認めてくれる人の話を、ボクは真剣に聞いている。
ボクに笑顔で話しかけてくれる人の話を、ボクは真剣に聞いている。
面白い話、ためになる話をしてくれる人の話を、ボクは真剣に聞いている。

自分に照らし合わせてみると、自分は全く真逆だった。

「ああ、これじゃダメだ」って思った。
またまた、自分を思いっきり変えた。そうあろうと努力した。それは今も。

あるとき、カーネギーという成功者の『人を動かす』という本を勧められ、読んだ。

「間違いの指摘なんかより褒めることってすっごく大切なんだ!」
そこに気づいた。

「褒めなきゃ……」と思って行動するが……なかなか大変だった。褒めようと思ったら、相手の間違っている点を沢山、見ないフリをしなければならない。気づいているけど、気づいていない自分でいなければならないもどかしさにぶち当たる。

ボクは間違っている部分を変えたいと思っている。
だけど、それを指摘してしまう、すると、相手は沈没しちゃう。
この人を伸ばそうと思ったら、短所を変えるより、この短所は引きずったまま、それが眩しくて見えないぐらい長所を伸ばしていくしかないんだ。それが「その人を許すこと」になるんだ。もう、この短所はこれで良し。許そう……そうやって、許すということを覚えていった。

ボクの「成功したいならこうあるべし」という雛形(ひながた)に人を押し込むのではなく、そ

の人の個性を活かした「成功のかたち」を見つけようとしはじめた。

　AさんはAさんの「かたちの成功」、BさんはBさんの「かたちの成功」、Cさんは Cさんの「かたちの成功」、人によって「かたち」は、違う。
　たとえば、Aさんはスローバラードを歌わせたら凄い。スローバラードの巨匠。Bさんはロック、もうイケイケのロックがいい。Cさんはクラシック、クラシックの成功者。Dさんは演歌、演歌系のスペシャリストみたいなかたちで、その人の持っている「得意」を活かして成功させていく。
　そのことに気づいてから、道が開けるように、ボクの事業は軌道に乗り、みんながワクワクと仕事を展開していきはじめた。

夢・実現のヒント

❶ 過去の自分に囚われず、あっさりと芸風を変えてみよう。

第2の法則

ワクワクできる方向へ舵を切る

家族、企業、チーム……いい組織を作るには、そこに流れる空気感が重要だ。
その空気が上向きであるとその組織の未来は明るい。
下向きであると未来は危険である。
下向きな空気は全体意識を暗くさせ、魔を呼ぶ。
壁は自分の意識が創り出した魔の具現化なのだ。

昔、ボクの家はスッテンテンになったことがあった。
そこには、当然、暗くなっていい諸条件が揃っていた。
しかし、確実にその困難な状況を打破し、改善し、立ち直っていくことができた。
秘訣(ひけつ)は何だったのか？……明るさだ。

明るさは吉を呼ぶ。魔を寄せつけない。
暗さを直視することは問題解決にとても大切だが、暗さの奏(かな)でるドラマにはまりこんではいけない。その先から解決の扉を開けることは困難極まりない。

Episode 2

自分はどこに向かうのか

子供のころのボクから見た父、母はとにかく働く人たちだった。

毎日毎日働いて、暗くなると帰ってくる。

帰ってくると大きな声で今日の出来事を報告し合う愉快な家族だった。

「お金儲けをしようと思ったらしっかり働かなあかん！　公営住宅に入ったらやる気がなくなるから、家が建てられるようになるまでしっかり働くよー！」と言って、父母は身を粉にして働いた。

幼稚園のころ、友達を家に呼ぶと怒られた。しばらくしてそれはボクの家が見窄（みすぼ）らしい家だから他人様に見せたくないんだって気づいた。

当時のボクん家はおじいさんから譲り受けた蚕部屋（かいこ）だった。当時の日本は少し前まで蚕をどの家も飼っていた。

蚕を飼わなくなったその部屋にボクの家族五人は生活していた。子供のころは電話もなく、隣のDさんに借りていた。風呂は親戚のおばさんちに入りにいっていた。文

字にすると暗い悲惨な生活に感じるが、底抜けに明るい楽しい毎日だった。

家に車が届いた日のことを覚えている。

パンパカパーンとフィナーレが鳴り響くほどの喜びの日だった。

念願の家を建てた日のことも覚えている。喜びは笑顔が顔からこぼれ落ちるほどのレベルに達し、母も父も嬉しそうだった。ボクも子供ながらその喜びがどのレベルなのかを知った。

村里離れた地域に立った家は学校には遠く、ボクは小学生のころから片道四〇分の歩きを強いられた。野球少年だったボクを、「本当にプロ野球選手になるならこの歩きがそうさせてくれる！」と一喝し、父母は朝夕の苦痛を素晴らしいことにしてしまった。

新しい畳の匂いと海から運んでくる父母の汗の匂いはボクの小学生時代の匂いだ。

学校が終わるとキャッチボールをし、暗くなると宿題を片付ける。その合間に担当割りされた居間の掃除、風呂の掃除とお湯を沸かす仕事、自家製味噌の手入れ、作り

かけの干物を納屋に移動させる仕事……それらを要領よくやっていた。毎日が劇画風にリアルだった。「アケビやカブトムシを捕りに林に入れば、マムシに食われる」と怒られながら、ボクは確実に大人になっていった。

そんなある日、事件は起きた。

小学校六年生のとき、ボクの家は人に騙されてお金を失うのだ。

いつも家に遊びに来るおじさんが騙した。

子供だったからよく解らないけど、ボクん家はスッテンテンになった。なにかが起きている雰囲気は充分、漂っていた。張りつめた緊張感と、結末はきっと悲しいことなんだろうという悲壮感が入り交じっていた。

「ちょっと来なさい」と母に呼ばれ、真相を知る。

「あなたたちは普通の子たちとは違うの」と話を切り出す母。

「うちには本当にお金がもうなく、他人様が欲しがるものを我が家では買い与えることができないから覚悟しなさい」

このお金のない状態を他人様からお金を借りることなく乗り越える決断を父母はした。だから、あなたたち子供も努力しなさいというお達しだった。大事件が起こったのだ。だけど、ボクは何か重要な任務を仰せつかった気分で高揚した。ボクたちの毎日が確実に父母の、ボクたちの未来につながっている感じがした。何か親の役に立ちたいと思った。どんな苦労も父母と共に、家族一丸となって乗り越えていく覚悟をしたことを覚えている。

次の日からの学校でも我が家に起こった事件がばれぬよう、過ごした。何から何まで全く同じなのに少し違う色に塗られた風景の中で過ごしている気分だった。

活躍したのは母だった。

とにかく明るい。

「もう、お餅買ったら年を越すお金、ないのよー！　ワッハッハ！」

ケラケラと家族を笑わす母は細腕なのに豪快だった。

お金がなくても幸せだった。少しのものと、いっぱいの笑顔で過ごしたあのころ、ボクの宝物は親を喜ばせた思い出。

野球で勝った！　走って一番だった！　大きな魚を釣った！　学校で作文をみんなの前で読んだ！　父母が喜ぶと嬉しかった。一生懸命働いてくれている二人に少しでも喜んでほしかった。二人の期待に応えたかった。

　時々、思い出したように酔っぱらうと父は「あの金があったらなぁ」とぼやきはじめる。まじめに一生懸命生きている男の作ったものを他人様が奪い取ったんだ。ガッカリしている大人が嘆いている姿を見るのは子供には刺激が強すぎる。普段はその嘆きたくなる気持ちを力業で封じ込めているんだ。酒はその力を奪い、父は嘆く。

「まずい」ってボクは思った。こんなとき、家族に漂うこの空気の流れは魔を呼ぶ流れの気がした。**みんなが明るくなって、みんなが未来を目指したくなる空気を作るコトバを発する**べきだと思った。

「父ちゃん！　騙される側で良かったよ。うちが騙したんじゃなくて良かったよ」
　ボクは父にそう言った。この絶望的な世界に一輪、立派に咲き誇る自尊心にむけて。

今も昔話に花が咲くと母はよく「あのコトバに救われて私たちは頑張ったのよ」と泣きはじめる。

あのころの生活、自慢することは沢山ないけど、誇りに思うことは沢山ある。
物質的には何も満たされてなかったけれど、いっぱいの愛と笑いがあった。
親と一緒に一生懸命生きることで心はいつも満たされていた。
ボクはこの特殊事態の貧困生活から大いに学んだ。
非常事態時にも平凡で幸せな生活がそこにはあるということだ。

お金、名誉、裕福なもの等……それが手に入らないと幸せはやって来ない？
そのころのボクは諸条件が人を幸せにするのではないってことを学んだ。

夢・実現のヒント

② 悲しみのドラマに入らず、その現状の中での明るい要素を集めてみよう。

第3の法則

新しい考え方に自分を馴染ませる

過去のうまくいかなかった記憶が束になってあなたの道を塞いではいないだろうか？あなたの習慣化したものの考え方、判断の基準自体が壁そのものではないのか？あなたの中で「当たり前」として処理されている情報にもう一度、目を通してみてほしい。

それらが壁を形成していたならば、新たに学ぶことによってその壁は消える。自分を磨くことで道は開けるのだ。

そのための近道は身近なところに学べる師、メンターを持つこと。

そして、学んだことを、ただの学びで終わらせず、日々応用してみること。

新しい考え方に自分を馴染ませ、自分の新しい習慣にすることだ。

Episode 3

影響されるのは悪いことか

仕事を始めるきっかけになったのはTさんの影響が大きい。男惚れした。当時のボクは片岡義男さんを読んでは、格好いい大人に憧れていた。大瀧詠一さんを聴いては、目の前に実際はない風景を見ていた。

Tさんと話しているとそんな雑誌や画面の中の生活が手の届く範囲にある気分になった。ボクにも夢のような生き方ができるかもって想像してはワクワクした。そして、ボクに「人間って凄い！」って思わせてくれたのもTさんだった。特に最初の出会いはショッキングなものだった。

「君はノミ、知ってる？　君は、こんなノミじゃない？」
「ええっ？」(何？　何？　何の話？)
「コップの中に、ノミを入れると飛び出していくんだ。飛び出さないようにガラスの板を置いてあげると、ノミは頭をコンコンコンコン打つんだ。ノミもバカじゃないか

ら、次第に頭を打たないように飛びはじめる、コップの中で。そっと、そのガラス板を外しても、ノミは飛び出していかない。ガラス板があると思ってるから、そのコップの縁より高く飛ぶことはしなくなるんだよ。そんなノミじゃないか？」

もう、ボクの心はドキドキする準備ができていた。

子供のころからの「ダメだった記憶」がボクのガラスの壁。過去の失敗がボクの限界点だと思いこんでいるかもって思った。

ホントはもっと高く飛べるのかも!?

Tさんは謎掛け話をする口調で話を続ける。

「こんな象がいるんだ」

「どんな象ですか？」

「サーカスで飼われている象の話なんだけど……子象のとき、逃げ出さないように足に鎖をかけて杭を打つんだ。それがどんどん成長して、大人の象になっていくと、杭

第3の法則 ◎ 新しい考え方に自分を馴染ませる

「の大きさはどれぐらいの杭になると思う?」

「いや、それは、もう、超でかいんじゃないですか? 超大きい象だったりしたら、大きい杭じゃないと抜かれちゃいますよね」

Tさんはニヤッと笑った。

ボクは何が問題なのかが解らない。

当たり前のことを当たり前に答えるしかなかった。

「いや。杭は、子象のときと同じ大きさでいいんだ」

「ええっ、何でですか?」

「**象は、子供のときから抜けないと思っているんだ。だから、彼らは抜こうとしないんだ**」

ボクは、自分の中が、熱くなるのを感じていた。

子供のときに、飼っていた犬を思い出した。犬は鎖を外してあげても、いつも鎖のまわりをうろうろしていた。

今のボクはあんな感じになっているんだろうか？

もしかして、子供のときにできなかったからって、今もできないと思っていることがあるんじゃないか。もしかすると、今は子象だから抜けないような杭でも、今から大人になっていく過程の中で、抜けなかった杭が抜けるようなことが、いっぱい起きてくるのかもと想像した。

過去の体験に騙されちゃいけないって思った。

Tさんの動物のたとえ話は的を射ている。

ボクの心の的も射ている。

「タク、水槽の中にカマスがいるとするよな。エサになる小魚を入れると、バクッと凄い勢いでアタックして、食べてしまう元気のいいカマス。それをエサの小魚とカマスの間にガラスの板を入れてみる。カマスは、ガラスの板にガツンガツンとぶつかって、そのうち、小魚にアタックしなくなるんだ。それを見届けてから、ガラスの板を

スーッと抜いてあげると、小魚はカマスの間を泳ぎはじめているのにカマスはそれでも小魚を食べない。さて、どうしたら、そのカマスにその小魚を食べさせることができるか?」

Tさんは弟子を諭す白髪白髭の長老剣士のようだ。

「ええっ、教育されちゃったってことですよね……いや、解らないです」
「その方法は簡単だよ。野生のカマス一匹入れるんだ」
「野生の……カマス……。ハッ!」

そのコトバに、ボクは想像し、鳥肌が立った。
野生のカマスは迷いもなくエサに食らいつく。
それを見てまわりのカマスは教育という呪縛から解き放たれる。
水槽の中は一気に修羅場と化す。

その修羅場を想像して鳥肌が立ったんではない。

ボクが野生のカマスになってやるって思ったからだ。

ボクのまわりの人たちは皆、「チャンスなんかない」、もしくは「チャンスがあってもできっこない」と思っている。

「他者は成功できても、自分にはできない」みたいな感じで、**目の前のエサを食べよ**うとはしない。教育されてしまっているんだ。小魚の目の前に行っても、このまま卒業して就職してみたいな考えばかりが先にたっている。よし、ボクが絶対、野生のカマスに……そう奮い立った。

仕事を始めて一ヶ月目、自分にどれぐらいできるのかを試してみた。

学生として学校へ通い、その後、アルバイト。

その後からの限られた時間をどう活かすか？

今まで使い物にならなかった時間の端切れを「やる気」っていう糸でつなぎ合わせていく、時間のパッチワークみたいな作業を一ヶ月やってみた。

第3の法則◎新しい考え方に自分を馴染ませる

一ヶ月目の大きな学びは「自分を変化させること」だった。
崩れそうになる気持ちを「大丈夫だ!」と励ましてくれたTさん。
その気持ちに応えたく、また、Tさんを驚かせたく、Tさんに褒めてほしく、二ヶ月目を頑張った。

何から何までTさんにボクは教えていただいていた。
彼は、ボクにとって、コーチであり、師匠みたいな人だった。

月末を待たず、二五日の時点でボクは目標を達成し、意気揚々とTさんに鼻を膨らませながら報告の電話をかけた。

「できましたよ。楽勝でした、これ。今月の目標を達成しました!」
「は!? もう一個上狙ったらどうだ?」電話のむこうのTさんは冷静だった。
「無理ですよォ! あと五日しかないのに、それはできないですよ」
「ああ、そうか。タク、それはな、『できんかった』と言わずに、『やらんかった』と言うねん」

「ええっ」(驚)

なんか、痺(しび)れた。
なんか、惚れた。
なんか、燃えた。
なんか、有り難い。

ボクは、できなかったヤツにはなってもいいけど、やらなかったヤツにはなりたくないと思った。

成功する人って、そうやって考えるんだと思った。ボクは試してみた。やってみたらどうなるのか知りたかった。

人生は「今」「今」「今」の連続体だ。
この一個の「今」を違うものにしたとき、将来はどうなっているのか興味が湧いた。

やってみると、もうひとつ上の目標を達成することができた。

ボクは自分のまだまだ短すぎる二〇年という人生を振り返った。

「沢山、あるなー」と思った。

目標を立て、それを達成し、ご満悦。もう一個、上？

それは無理だし、結構！

ボク……満足です！　って笑っている古い自分を数多く発見した。

本当はもっと前に進んでいたんだ、きっと。

かなりガッカリした。もっと早くからこのことを知ってたらなーって思った。

でも、しばらくして、こう思い直した。

「まだ、二〇歳でよかった。それに気づいたのが二〇歳で」

もし、人生の後半で気づいたら、「やり直しさせて」という感じになるだろう。

「これからの人生、二度とそのミスはしないぞ。過去には騙されないぞ」

「できそうな目標ではなくて、なりたい目標に向かうんだ!」
「できなくてもいい。やらなかった自分にはならないぞー!」

すべて学びだ、とボクはいつもそう思っている。
「もっと早くに知っていたら⁉」って思うことが人生には沢山ある。
でも、こう思うようにしている。
「それを今、知ったことに意味がある。もう二度とミスはしない! このことを自分の考え方に標準装備させよう!」って。

Tさんの言っていることはいつも理解できるが、そのたびに心が痛くなりながら学んだ。

一番心が痛かったのは、「言っていただいていることは理解できるが、そんなことを自分で思いついたりできるようになるのかな?」ってこと。
「俺ってダメだな」って自分を責めた。
でも、責め続けても成長しないので、一個一個学ぶしかなかった。

「ボクは言われたらできる！ でも、言われないとできないです。だから、随時教えてください！」とTさんにお願いした。
いつも、学びだ。

あるとき、車で一〇台が連なって、広島から鳥取へ向かった。
Tさんはボクに一番前の先導車を運転させた。
横には、Tさんが乗っていた。
急に、Tさんの声が厳しくなった。
「おまえ、ちょっと左、寄せろ」
後ろの車も、あわせて、左に寄せて止まった。
「全部ついてきてるか？」
「いや、わかんないですよ、ついてきてるんじゃないですか」
「そんなんじゃダメだ」
「だって、ついてこないヤツが悪いんじゃないですか」
ボクは純粋にそう思った。

案の定。数台が、結局、ついてきていなかった。

Tさんは、ボクを怒鳴った。

「そんなんじゃ、リーダーになれない！」

そんな、車で迷ったぐらいでこんなに怒らなくても……。

ボクは、釈然としなかった。

そのとき、Tさんはなぜダメかを丁寧に説明してくれた。

「いいか、仕事が一〇〇ある。タクが一〇〇のうち、五コのミスをしたとする。その比率がタクの比率だ。だから人生の一〇〇のうち、タクは五コのミスをする。全部が相似関係だ。

タク、**小さなミスを見逃すな。小さなミスを軽く観るな。その割合がおまえの人生だ**」

そのコトバに、ボクは、ドキッとした。

その割合がボクの人生なんだ。

自分の物事に対するケアの割合。
ケアの集中度。
何までを良しとし、何までを悪しとするかの線引きの場所。
全てが人生とつながっている。
目の前の出来事が全てつながっている。
確実に問題を解き、目標を達成させる。
「……だろう」とか「たぶん……」で仕事はしてはいけない。

一〇台が揃ってそこに行くという目標があるんだから、それを達成しなくてはいけない。

どんな理由であれ、ついて来てないってことはダメっていうことなんだ。たとえば、気くばりをしなくても全員が来るんだったら、それでオッケーだし、気くばりをしていても一台でも来ないんだったらダメだということ。

要は確実に目標を達成するということだ。

Tさんが教えてくれたことに、組織の話がある。

「タク、**組織を作るということは、人を教育するということなんだ**」

「なるほど！」

学校の教師を目指していたボクは教育っていうコトバに敏感だ。

「じゃあ、誰を一番初めに教育する?」

「まず、中心になっていくリーダーですかね」

「うーん、違うなあ」

「ち、違うんですか？　え？　誰ですか？」

「自分だ」

ビビビビビ！！！　って来た！　雷に打たれた。

「まず、おまえがおまえを教育することだ。自分が学ぶってことだ。成功者たる者は一体何なのかということを学ぶことなんだ」

「いいか、タク。**人の話に感動したりする人はいるけど、自分の生活の習慣として取り入れていこうっていうヤツはなかなかいない。学んだことを片っ端から習慣にして**

「いくことだ」

 もう、それから心が動くたびに、メモを取って、家に帰ったらノートにまとめる。まるで優秀な学生みたいに学んだことをまた全部復習してまとめる。

 そして、またファイリングしていくっていう作業を徹底的にやった。

 忘れたころに、またメモを見ては復習して、それを何度も何度もこなして、自分の個性の中へと取り入れていった。

 さも標準装備されていたかのように入れ込んでいくっていうことを、とにかくやっていた。

「タク、目標を持って、計画を立ててそれを達成することを、人は成功と呼んでいる。

 だけどな、**本来、人たる者は、その目標を持って達成するまでの過程で学ぶことが、つまり、人生の成功なんだ。**

 つまりな、ポルシェに乗りたいと思っている人がいる。

 頑張って稼いでそれを手に入れる。これは物質的なものの見方でいう成功。

人間的なところにスポットを当てるなら、それを手に入れるために自分を磨く、切磋琢磨する。あれがダメなら、これをやってみようと試行錯誤する。その過程で知識は知恵に変わっていく。まさしく、この過程が人間としての成功なんだ」

ボクは、Tさんのコトバに本当に影響を受けている。

性格は一生変わらないかも知れないが、考え方は学ぶことで今日から変えることができる。

学ぶたびに自分が変わっていくという喜びがそこにあった。

友達の薦めで始めた仕事であるが、これしかないっという確信のもと情熱を注いだ。いつしか、仕事の成長が人間としての自分の成長を感じられるものとなっていった。

夢・実現のヒント

❸ 素敵な人をまねてみよう。

第4の法則

目標を定め、心を決める

何をいつまでにどうするべきかがハッキリする。
それらがハッキリすると、諸条件の中で何がハッキリしていないかがハッキリする。
なので、何をやれば良いかがハッキリしてくる。
すると心はスッキリする。
要は心を決めるのだ。
それまでは徒に時間を浪費しているだけだ。

決めることで自分の持っているオーラが変わる。
目つきが変わる。口調が変わる。判断が変わる。選択肢が変わる。

すべてのベクトルに「それを達成するため」という強い傾向が加えられる。
うまくいけばそれは素晴らしいことだ。
そして、うまくいかなくてもそこから学ぶ沢山のことがある。
チャレンジすることは目の前の道を開かせるだけではなく、次の道をも開かせる。

Episode 4

なぜ目標を決めるのか

年齢を重ねるにつれて、ボクは親父に似ていく。
風呂上がりに見る鏡の中の男の姿に親父を発見するときがある。
血は何かを受け継がせるのだ。

ボクの親父は、人として面白い人だった。
ある意味、超ロマンチスト。昭和七年生まれ。
昭和の一桁生まれの男はユニークだ。

彼はまず、電電公社に勤めた。トツー、トツーの時代だ。
生まれた里を遠く離れ、就職する。
そのころの彼は何を求め、何を探していたんだろう。

辞めて、次はレントゲン技師になる。

「私はレントゲン技師だ!」と言い放ち、勤めてから資格を習得したらしい。美しいレントゲンを撮る人として有名だったと聞いている。

そんなわけで、普通の人より医学知識が多かった。

「あーそれは大丈夫だ。○○だから」と安心感を家族に与える大黒柱だった。

いい時代だ。

当時、母と結婚して、一人目の子供、ボクの兄が生まれる。

母は九州女。

なぜか離れた三重で二人は出会う。

二人の出会いには謎が多い。ボクも詳しく聞かないわけだが、謎は謎のままが美しく感じられるような気がする。

オペのトラブルで、ボクの兄貴は生まれて間もなく命を落としてしまう。その病院内にいた親父は、病院の院長とトラブって飛び出してしまった。

次に、ボクが生まれる。

ボクは次男だ。
戸籍上は次男だが、立場上は長男として育つ。
小さな時から仏壇に手を合わせ、兄と話していたような気がする。
今はきっと、父と一緒にボクたちを見ている。

病院を去って、父は保健所に勤める。が、三四歳の時、家業だった真珠養殖っていう仕事を始める。三重の志摩半島は真珠で有名な場所だった。
昭和一桁の生まれの人で、そんなに仕事を変える人、あんまりいない時代じゃなかったかと思う。

親父は、たぶん許せなかったんだと思うんだ。
「一度決めた仕事だからそれを貫き通すのが誠実な生き方だ」と考える人たちが多い時代に、「こうありたい」というのがきっとあって、それを探し求め続ける。
そのことに対して、嘘をつかないということが誠意だって思っていた人だった。

真珠養殖は過酷な仕事だ。今はかなり近代化されて労も軽くなったのかも知れない

海で働く男の生き様がそこにはあり、ボクは家業を継ぐことに逃げ腰だった。
「ボクは弱虫なのか？」といつも問いかけたものだ。
　結局、家を継がず、違う業界で自分の生きる道を見つける。
　ボクは頑張る父の背中を見て育った。
　だから、**自分の力を惜しみなく仕事に発揮させることが善だと思っている。**
　仕事に力を注がない者は愚かだと育てられた。
　頑張ることは美しいことだと思っている。
　サボることで「ラッキー！」と思う人もいる。
　仕事がうまくできて「ラッキー！」と思う人もいる。
　両方の「ラッキー！」が目の前にあるなら、仕事をするほうを選ぶ。
　親父の背中に感謝である。

　真珠養殖っていう業界で頑張っていく親戚の中に、輝いてるオジサンがいる。
　オジサンは、真珠業界とか、真珠を作るっていうことにもの凄い多大なる努力と、

が、厳しい仕事であることには変わりがない。

功績と名誉を残した人で、億万長者。今でも財団法人の理事をやっていて、「わしは国益を考えて仕事をやっとる」というのが口癖の素敵なオジサンだ。

二七歳のとき、実家に帰ると、そのオジサンと親父が酒を酌み交わしていた。

「ほおー、久しぶりだなあ、タクミ！」

「オジサン、お久しぶりです」

「おまえ、酒が飲めるようになったんか」

「もう、ぜんぜんなってますよ」

「ほな、おまえ、風呂上がってきたら一緒に飲もうや」

オジサンは、かなりでき上がっていた。

ボクは、風呂に入りながら、ふと、今、自分が悩んでることをオジサンにぶつけてみようかなって思った。

オジサン、どうやって答えるだろう。

億万長者だし、何かいいアドバイスがもらえるかも知れない。

悩んでいたのは目標のセッティングについてだ。**「高望みする気持ち」**と**「いやいや謙虚にこの辺を目指す気持ち」**とが入り交じっていた。どっちも正解なように感じられ、目標が絞り込めていなかった。

……でも、まあ、とりあえず、風呂上がったらオジサンに相談してみよう。

こんな質問、畑違いのオジサンに言ってもわかるかな？

「おっちゃん」
「おお、飲め」
「おっちゃん、質問してもいい？」
「何やねん」
「おっちゃん、ボク、悩んでんねんかぁ……」
「それは、迷ってるからや」

「ええっ?」
まだ、質問してないのにオジサンは答えを話しはじめた。

「どっちでもええからな、AでもBでもええから決めてやね、やってみー。やってみて、あかんかったら、そっから学んだらええ。うまいこといったら、それでええがな。
一番あかんのは、迷うことや。迷うから、人は悩むんや」

ボクは、痺れた。凄いなあって思った。
質問し終えてないのに、もうわかっている。
何度も何度もこの道を通った人なんだ。
やっぱり、道を開く人というのは、そういうレベルなんだって思った。

オジサンは何度も何度も目指してチャレンジしてきたんだろうなぁ。悩んで、迷って、選択を先送りにし、具体的な行動を保留したこともきっとあるんだろうな。

だから、まるで数式を方程式で解くように答えが出てくる。

悩んでいる人は迷っている人なんだ。

目標を決めきれず。

しくじりたくないから、正確な選択をしたい。

でも、それが解らない。

決めずに保留するから、どっちみち時間切れでしくじる結果が待っている。

悩んでいる人は、努力することを保留している。

迷わずどっちかに決める。

決めて、具体的に動きはじめる。

うまくいったらそれで良し！

ダメだったら、その結果から学んで次の自分を育てるってことだ。

オジサンは、見た目は、ただの田舎のおっちゃん。

そのとき、ボクは、あまりの感動に興奮して、続けて他の質問をした。

「おっちゃん、たとえばさ、チャンスって何なん？」
「チャンスなあ……**チャンスは人の失敗した後、歩いたらようさんあるなあ**」
「失敗の後？」
「そーや。夢を叶えたり、チャレンジしたりしない世の中の人らは、チャレンジして失敗すると指さして笑う。『あほやなあ』言うてな。『ほら、だから、俺が言うとったやろ』とか、皆バカにする。
だけどなあ、タクミ、人はバカじゃないねん。人がチャレンジするということはあ、何かあんねん。そこには。たまたま、うまいこといかへんかったから、それは失敗しただけや。
人がチャレンジするときは、何かそこにあるんや。

実家に帰って飲みに行くところがないからスナックとかにいってオジサンにばったり会って飲んでる姿を見ると、ほんとに田舎のおっちゃんが飲んでるだけ。
だけど、発想や思想は半端じゃない。

そこを探してみい。その失敗のあとには、いっぱいチャンスがあるでぇ」

ボクは、またまた唸った。

チャレンジする人への視点が違う。

鋭い視点だし、あたたかい。

とにかく、オジサンの発想は凄い！ と興奮した。

「おっちゃん、なんでそんなに成功したのに、海外旅行とかあんまり行ったりせぇへんの？ ボク、凄い海外とか行くの好きなんやけど」ボクの質問攻めは続く。

「おっちゃんらはな、戦争のときに大きくなってるからなぁ。いろいろ教育受けてるから、外国人の人見ると、正直怖いんやわ。タクミらは、違う生き方しとるよな。おまえらは戦後生まれやから、アメリカはカッコいいなぁとか、そういうように勉強しとるだろう。おっちゃんは、怖いんや」

そんなことを素直に言える大人って凄いなあって思った。

普通、人は、もうちょっと心とコトバが一緒じゃない。

でも、オジサンの魅力って素直に自分の恥もぺろっと出せる素直な心なんだろうなって思った。オジサンの等身大の姿が格好良かった。

ボクは、オジサンのアドバイスで、ひとつ上のレベルに目標設定して、動き出した。

具体的に前に進んでいった。

結果としては、一つ上も、二つ上の目標も達成できなかった。

だけど、次のチャレンジでは、二つ上のレベルの達成ができた。

もし、アドバイスがなかったら、どちらを目指すべきなのだろうかと悩みながら徒に時間を過ごし、その悩んでいる自分は努力をしているって勘違いしていたのではないだろうか？

人は、具体的に動くことを保留しがちだ。

目標があってその達成を考えるから、判断の基準が生まれる。なのに……。

高い目標を目指してできなかったら恥ずかしい。
この低い目標を目指すのが本来の目標設定なのだろうか？
うー、それが解らないと保留するからタイムアウトになるのだ。

「達成できなかったら恥ずかしい！」は一瞬プライドのように見えるが、それは見栄だ。

自分らしくないとか自分らしいとか……もっともっと行動して磨かないと本当の自分らしさは出てこない。迷ったらGOなのだ。どうしよう？ と迷ったら、エイッて飛び越えるのだ。

その勇気はどこから来るのか？
ボクは、「結局、人間、死ぬしな」って思っている。
何を達成したとしても、達成しないとしても、いつかボクらの肉体は滅びていく。
「うちの祖父は……〇〇だった」とか、「うちの曾祖父さんは……〇〇だった」とか、いずれボクらの生き様は肉体を無くしたときに情報に変わっていく。

だったら、自分はどんな情報に変わっていくんだろう？　どんな情報を残したいんだろう、どんなものが残せるんだろう。

そんな思いが強くある。

達成できれば栄光が残り、達成できなかったら達成しようとした志という歴史が残るような気がする。

また、ボクは、リインカーネイションをどこかで強く信じているところがある。

輪廻転生だ。

あの世、この世を行ったり来たり。

こっちに来るときは肉体をいただき、魂を磨く。

この世は楽しく自分を磨く修行場だ。

自分を磨かなければとか、自分を育てなければとか、どこかで常に思っている。

何かトラブルが起きたりすると、「神様、一体何をここに学べとボクに仰ってるんですか？　ボクは、それを学びます」っていう気持ちになっている。

仏壇で手を合わすとき、神様の前で手を合わすとき、「自分がやるべきことをやっていきますので、ボクが学ぶべきことをベストなタイミングで起こしてください」って、ボクは思うようにしている。

「助けて」とか「うまくいかせてほしい」っていうお願いじゃダメなんだと思っている。

それじゃ、自分の魂は磨かれない。

自分が学ぶべきことを学ぶべきときに提供していただけるっていうのは、贅沢(ぜいたく)なことだと思う。

飯田史彦さんという経済学者が、生まれ変わりのことを書いた『生きがいの創造』という本がある。飯田さんは、そもそも、どうしたら、組織のモチベーションを上げられるのかという研究をしていた。

講演とかセミナーは、所詮、どうしてもカンフル剤的な効果しかないことに気づく。そこで、「どうして、彼らは、頑張り続けているのだろう」と、逆説的に見ていっ

たときに、モチベーションが高い人らしい。

要は、**自分の魂を切磋琢磨していくんだ。この場をいただいて、また、来世があるんだ**みたいな思想を持っている人たちが非常にモチベーションが高かったということらしい。

ボクは、比較的、この日本っていう国は、リインカーネイションを信じている人たちが多い国だと思う。

「ごめんなさい、今年は初盆なんですよ」

「ああ、ほんなぁ、しゃあないなぁ」

仏教的な発想を持ってない外国人にとっては、「What？ 初盆？」って感じなはずだ。

「なぜ、彼は初盆だっていうことによって、あんなに簡単にホリデイが手に入るんだ」と聞いたならば、ボクたちはこう答える。

「いや、あの、魂がこの世を去って、向こうに行きまして、今回、初めてこちらに戻

って来られるんです。これは、初盆と呼びまして、それは、会社に出てる場合じゃなく、お迎えをしなくっちゃいけないんです」

それぐらい、その魂みたいなものがあって、あちらの世界に行って、そして……みたいなものを、凄い毎日の中に信じて感じている国民だから、「どっちかというと、地球の中でもよく働く理由」もそこにある気がする。

自分の目標とかいうこと以前に、リインカーネイションの中で、魂を磨かなければみたいなものが根幹にある国。元々、自分の中に標準装備されているその感覚を研ぎ澄ますだけだから容易なことのように感じる。なので、この国では、人を啓発していったり、組織を啓発していく中では、「魂を磨く」って重要なコトバだと思う。

夢・実現のヒント

④ 「なりたい自分」を決めると、目の前の迷いが消える。

第5の法則

なにげないメッセージに耳を澄ます

誰かの発したなにげないコトバが人生観を変えてしまう。
人生観が変わるから人生が変わりはじめ、人生が変わりはじめるから出会いも変わる。
また、それにより人生観が変わり……の連続。
その流れに入ってしまうと滑るように人生が動きはじめる。
コトバって大切だなって思う。だから大切に話し、大切に聴く必要があるなあと思う。

コトバには言霊ってものがあり、それをただ知っているフレーズとして処理するのではなく、本当にそう感じて生活してみると、目に見えなかった何かがリアルに感じられるようになる。

まっすぐある方向に進んでいた玉に、コンッとあるコトバがぶつかり、微妙に進む方向が変わる。この少しは人生という尺度でみると相当大きな違いになっていく。
感じたり、考えたりするときのベースになるものに影響が与えられ、判断が変わる。
常にいろいろな出来事に対する判断が変わっていくのだから、人生は大きく変わっていくのだ。

Episode 5

動けないのはなぜなのか

中学二年のころ、大いに悩んでいた。
胃腸が弱かったのか、自然なことだったのか？
昼食後、お腹が痛くなる。
お腹が痛くなったら普通にトイレに行けば良いのだが、当時それはとても恥ずかしいことだと思っていた。
それが他の人にばれたら人格まで否定される一大事ではないかと思うほど怖れていた。
「お腹が痛くなったらどうしよう？」という恐怖感の中で、あのころ過ごしていた。

そんなある日、名案を思いつく。
職員室の隣にある職員専用のトイレは掃除の時間、一人が担当すれば片が付くほど狭かった。
そこの担当に名乗り出る作戦に出た。それも毎日。常に。

それにより毎日、ボクは頭上に常にあった恐怖感から一気に解放され、安全地帯を確保したのだ。

そんなある日。

来る日も、来る日もそうしていたら、急にある日はやって来る。

突然だ。

H先生がボクに声をかけた。

H先生は威厳のある美術の教諭だった。

「ヤマザキッ！」

すえたニオイのする狭い便所で目の前の便器をキレイにすることになぜか夢中になり、没頭し、忘我の世界にいたボクをドキリと現実世界に引き戻した。

「はっ！ はい！」
「おまえ、大物になるぞ！」
「大物っ？」

ボクの体は痺れた。
大物っていう響きに。
しかし、もう体は痺れてしまっているのだ。
頭の中では「先生は勘違いしている」ということを理解していた。

大物……大金持ちでも、大変良い人でもなく、大物。
絶対的な存在感があるコトバだった。
いや、呪いのごとく、そのコトバにボクは囚われた。
その単語「大物」が持っているニュアンスに憧れた。

この事件から四半世紀が経っている。
なのに記憶の中で生き続ける、あのときのドキッがいる。
それは一四歳のボクには劇薬だったのだ。

当時、他者との努力の差は、ややもすると損をしているような気持ちにさせた。

他の人たちは遊んでいるのに自分は部活動をしなければならない。他の人は楽しそう、ボクは汗をかきながら走っている。
「いやいや。大物にならねばならないのだ。他の人と同じではいけないのだ」
その日以来、ボクの「一生懸命」の矛先が決定した。
大物教の信者になった。
大物教の信者になった。
大物教の信者のボクは今日も便器と語り合う。
昼下がりの中学校の小部屋で修行が始まるのだ。
黙々と黙々と。
思い出してはニヤッとし、今日一日を頑張るコミットメントをするのだ。

いま思うに「大物」とは何なんだろう？
影響力が大きい。
魅力的である。
公平である。

皆の利益を考え、人として我欲を超えている。人として大きな存在であるということなのか。

いまの自分はどう？

いまなお、大物になるための大物教の信者であり、一四歳のボクを「大物になるぞ！」と目が出るほどの高値で買ってくださったあの先生こそ大物だ。その人のコトバに、気持ちに応えたい。

中学生がある先生の勘違いしたコトバに心を射止められる。

ある人が聞けば自意識過剰な少年の勘違いのような話だ。

しかし、本当にそうなんだろうか？

ボクはそれをただの勘違いや偶然や戯言と考えたくはない。

この世には道案内としてのメッセージが溢れている。

その中のいくつかをキャッチすると、新たな展開が人生には待っている。

これらをくみ取りながら前に進みはじめたときに道は開ける。

「こうに決まっている」という既成概念に凝り固まった世界から、「本当はこうありたい」という理想概念への瞬間移行。その理想概念も月日の経過と共に既成概念となっていく。

常に脱皮現象を繰り返すことが人生の醍醐味なのだ。

夢・実現のヒント

❺ Bad Newsよりも Good Newsを信じてみよう。

第6の法則

未来に意識を伸ばす

喜び、感動、充実感の先取りにより深層意識が動く。

深層意識は「もうそれが起きたのか？ 起きてないのか？」の判断がきかない。

感じることで、「起きたこと」として処理されるのだ。

感じるということは、「そのことが起きることを受け入れる準備」ができたことになる。

これは偉大なことだ。

「そんな凄いことって起きるのかな？」という疑いが、何かを実現させるときの最大の壁となっている。

あなたの人生、凄いことが起きることに慣れてください。

Episode 6

いまだけが大切か

二〇歳のころの夢の中に、「毎日、旅して生きていきたい」ってのがあった。

いまは実際、旅の中で生きている。

正確には旅の中の生活が人生になっている。

年間、多くて二〇〇泊……少なくて一七〇泊、ホテル暮らしという生活を一八年続けている。

日本は北海道から沖縄まで。年間一〇回前後の海外。

それがいまでは日常だ。

夢って叶うんだなと思う。**願った通りの人生に、人生は日々、傾いていく。**

二〇代の後半にあるセミナーに参加する。

そこでSさんという講師の方に絶大なる影響を受ける。

「拓巳君、ちょっとお話できますか?」
「はい」
急にSさんに呼ばれ、個人セッションが始まった。
「拓巳君は、近い将来、どんな現実を期待しているの?」
「はい! 本とか、自分の考え方を書いて出せたらいいですね」
「いま書いているのね?」
「いや、書いてないです」
いま思い返すと、すっとんきょうな話だ。
「ああ、そうなの。他は?」
「絵とか……あの……個展とかできたらいいですね」
「それ、もう、描いてる?」
「いいえ、描いてないですよ」
「描いてないのに、描きたいの?」

「そうですね」
人の夢みたいなものはそんなものです。

「ああ、そうなの。じゃあ、目をつぶってみて。あなたは本屋さんに行っています。そこでは、自分の本が平積みになっています。どんな気持ちになるかな?」
Sさんは、優しくイメージを誘導してくださった。

「もう最高ですね。凄い、ボクの本が……こんなところに出ているよ」
「他には……」
「自己紹介するときに、ボク……本とかも書いているんですって言っています。ニマッ!」
「オッケー、ばっちりね」
「問題ないですか?」
「はい、問題ないですよ」
「後はどうしたらいいのでしょうか?」とボクは方法が知りたかった。

「もう、ばっちりじゃない。要は、本がほんとに出したいんじゃなくって、その気持ちを手に入れたいんでしょ。その気持ちを手に入れるために本が出したいわけよね」
「ああ、そうです」
「もう、いま味わったじゃない。もう叶ったのと一緒じゃない」
「ええっ?」
ビックリした！ そ、それが答え⁉
「そんなのインチキじゃないですか。実際に叶ってませんよ」
「違うのよ。**その気持ちを感じて、味わって生きているから、現実があとから追いついてくるのよ**」
斬新だった。
新しい考え方に触れるとドキドキする。
このお話はその匂いがムンムンだった。
「じゃあ、『ハッピー‼』『本が出て嬉しい‼』そういう気持ちでずっと生活している

と、『本を出しませんか』ということになったりするわけですか」

「そうなのよ」

解ったような、解らないような……不思議な気持ちだった。が、それがずっと心に残っていた。

たまたま友達と飲んだとき、「なぜ、UFOは瞬間移動するのか?」という話題で盛り上がった。

「A地点にあるUFOの場所に、B地点の磁場を作ると、B地点にすぐに行ってしまう」と友達が論じはじめた。あの話を思い出した。

もう既にそのことが起きた気持ちを先取りする。するとその現実が後から駆け足でやって来る……。

じゃ、それを応用して、仕事もうまくできるかな?目標を立て、それを日々の努力でやっていく。そのやっていくときの気持ちが大切なんだ、きっと。

「やるぞー！」と意気込むのも良いが、「その目標が達成できた喜びと、それがもう達成し、馴染んだ、豊かな気持ちを満たしながら」日々、行動する。日々、生活する。もう達成した自分で判断する、選択する。

「もう達成した自分で朝、歯を磨く。電車に乗る。ご飯を食べる。人に挨拶する。商談をする」

そんな一年を続けてみた。

人間モルモット状態。自分を実験台にし、試してみた。

その試す一年は非常に楽しいものだった。

新しい価値観との出会いほど心を喜ばせてくれるものはない。

新しい視点で見るから、全てが全部、変わってしまったみたいだ。

「最近、話し方が変わったね」

「声が変わったね」

「物腰が変わったね」
「顔つきが変わったね」
……と言われるようになった。

自分史的に偉業だった。
ボクにとって大きな達成だった。
結果として、目標は達成された。

凄い！　やった！　叶った！　これ、魔法じゃないか!!
……と思った。
何か他のことで試してみたいって思った。
この魔法（？）を自分の中で確立させたかった。

じゃあ、次は何になろうかな。
心に浮かんだのは「本を出版してみたい」だった。

あのとき、Sさんに夢を聞かれ「本を出版したいです」と勝手に口に出た、それになろうと思った。

その日からボクは作家になった自分で生活しはじめた。
「作家はホテルにカンヅメだろう!?」と浮かぶ。
ま、そのことに素直に生きるのが魔法のお約束だ。
儀式みたいなものだって言い聞かせ、そうしてみた。
ホテルをとって、Macを持って、籠って、書いた。
いままで、学校の読書感想文以上に長い文章、書いたことがなかった。
その感想文だって、四つ下の妹の作文を写して出していた。
人生で一番長い文章を書いた。
書き終わって数週間後、ある人が友達のMと楽屋を訪ねてくれた。
「はじめまして」
「はじめまして。あ、何やってる方ですか?」
「出版社やってます」

えって思った。
来たって思った。

「勤めてるの?」
「いや、自分でやってます」
「凄いですね！　ボクも出したいな」
「何か書いてくださいよ」
「もう書いているんだ……」
「えっ、書いてあるんですか?」
「そう」
「じゃ、それ送ってください」
原稿をファックスで送ったことから、ボクの作家生活は始まった。
それから、九ヶ月後、書店に初めてのボクの本、『人生はピクニック』が並んだ。
やっぱり、魔法だった。

夢・実現のヒント

6 凄いことを受け入れる準備ができたら、もうそのことは起きはじめている。

意識の手をすっと未来に伸ばしていく。
そのとき、起きてほしいことが起きてる様を見、感じる。味わう。
その満たされた気持ちを持って、毎日を生きる。
すると、深層意識はそっちへ導きはじめる。

ボクたちは何者にもなれる無数の扉に囲まれている。
ただ、そうなる自分を許してないから、疑っているから、他の扉が見えない。
見えても、信じられないから、扉を無視してしまう。
そうなる自分を疑っているから、怖れを感じてしまう。
そして、また昨日と同じ扉を開け続けてしまう。
人生はそうなることを許した分だけ応えてくれる。

第7の法則

自分をワクワクさせる

成績が悪いとヘソを曲げたり、目の前の仕事や勉強が大変だと嘆くより、さっさと好きになり、そのことを楽しもう。ワクワクがあれば全てがパラダイスだ。

人生にはややもするとすっかり暗黒の世界という扉があちこちでぽっかり口を開けている。起きてくるいろんな事象にどんな意味を与えるかで扉は消え、逆にパラダイスへの扉が開きはじめる。

進むべき道に壁が現れたなら、慌（あわ）てるなかれ。
その壁を越えることより、その壁を作った自分の心に問題がある。

ワクワクとそのことを楽しむ。
それができたなら、頑張った自分を褒めてあげるシステムを自分で作るといい。
ボクはそれをご褒美（ほうび）システムと呼んでいる。
自分で自分をワクワクさせる罠を作るんだ。
ワクワクするから道が開けるんだ。

Episode 7

どんな自分で生きたいか

中学生になったころのボクを思い出してみる。
学生服を着て頭を丸めると、絵に描いたような中学生にボクはなった。
自転車で田んぼの間を抜けて学校へ行く。
毎朝、どの道が近く、何分で到着できるかを一人で競った。
新記録を達成するとこっそり喜んだ。

隣村と一緒になるためクラスの数は四つに増えた。
隣村の人たちは垢抜けて見えた。
ちょっとしたコトバの違いが気になった。
文化の交流だ。**違う文化が出会って化学変化して、新しいものを創り出す。**
ボクは影響された。違う価値観の世界に住む人たちに評価されたいと思った。
父母と一緒にいる時間が減った。極端に減った。
沢山の時間を一緒に過ごせる弟、妹が羨ましかった。

ボクは家族っていう共同体から半分だけ外に出た。

小学生のとき、ボクは学校で一番足が速かった。町内大会で三位になったこともあり、中学生になると野球部ではなく陸上部に入部する。いま考えるとあれはストレス解消手段だった。

毎日、新しくガリガリと刺激を受け、削りカスみたいなものが心のあちこちに散在しチクチクと痛みを与えた。

その削りカスを一掃するためにボクは毎日グラウンドを走った。

疲れ果てて、くたくたになりたかった。

思考の向こうまで一度行って、ヘロヘロになって帰ってくると、スッキリすることを知っていた。

新しい環境に飲み込まれるようにして、時間が経っていく。対応するのに必死だ。全く違う時間の流れにあたふたしている。ボクはギリギリだった。勉強にも新しい生活にも半歩遅れてた。

「友達なんかいらない」とも思った。
それまでの牧歌的な時間などどっかに行ってしまった。
逃げ出したいと言って、泣いたりしていた。

一学期が終わると夏休みだ。
ボクは成績不良者として夏休みも補習のため、学校へ通った。
初めて感じる劣等感だった。
勉強はできる方じゃなかったけど、そんなに悪いと思ってなかった。
集まっているメンツがボクをまたまたガッカリさせた。
その苦さがボクをやる気にさせる。
猛烈に勉強を始めたのもこれがきっかけだった。
学校が終わるとへとへとになるまで走り、家に帰ると飯を食い、仮眠をとる。
夜中に目覚めるとガリガリと勉強をした。
努力してやっと人についていける程度だけど、勉強した。

穴の空いた靴で走ると靴下が汚れる。
母が気づいた。
「あんた、靴！　破れているやろ？」
「破れてない！」
「靴下見たらわかる！　買ってあげるから言いなさい！」
「破れてない！」
「それぐらいのお金はあるから言いなさい！」
「じゃ、自己新記録だしたらねー！　それまで靴下なしで走るから」
親にお金を使わせたくなかった。ボクなんかの欲を満たすために、あんなに一生懸命働いている親のお金を使いたくなかった。
ボクの家の家業である真珠養殖の仕事はきつい！　子供のときから手伝っているから知っている。肉体労働だ。時間が数珠繋ぎになって、延々と黙々と続けなくてはいけないタイプの仕事だ。

それを毎日やっている父母のことを思うと胸が張り裂けそうになった。

だから勉強でもスポーツでもいいから一生懸命やりたかった。

家族みんなが頑張っているんだから、ボクも頑張りたかった。

一生懸命頑張っていると父母と同じ世界にいるようで、癒された。

何か許されたような気持ちになった。

中学一年の最後の試合、ボクはバトンを落とし陸上部の顧問と口げんかになり退部する。そして、中学二年になると、ボクは野球部に移籍した。

野球部に入るなりレギュラーをいただく。

球拾いを一年続けた同級生には、あまりよく言われなかった。

途中入部でいい思いをしてしまった。

持ち前の足を活かし一番という有り難い打順を得る。

毎日、曇り空のような気分の一年生時代と何かが変わりはじめていた。

成績も中より上になり、ボクの心の安全地帯は広がりつつあった。

中学二年生になる春。理科の非常勤講師のY先生の家に遊びに行くことになった。独特の空気を発し、学生たちの評価は賛否両論。「あの先生、苦手」っていう仲間たちと、「人生観まで変わった」と言いはじめる者まで。綺麗なお姉さんと歩いていたとか、本当は理科の先生じゃないらしいとか、いつも話題には事欠かない先生。

色白でギリシャ彫刻のような顔立ち。
パワーも勢いもあり、彼はいつも少しイライラしていた。
その様子は危なっかしい感じにも取れる雰囲気だった。
積極的過ぎる生徒との関わりが他の先生からの渋いおコトバになったりもした。
グラウンドに車を持ち込み、ヘッドライトを点(つ)け、陸上部の選手をコーチしていたことがある。

次の日、学校では大問題となり先生は叱(しか)られたみたいだった。
授業中も興奮し、声がひっくり返り、笑う生徒を睨(にら)みつけた。
いつも情熱的で行き過ぎな先生だった。

その先生に春休み、時間のあるときに家に遊びに来いと言われた。

小学校から一緒だったN君とボクは先生の家を訪ねた。

「お、今日だったか？」

先生は二日酔いで寝ていた。

学校で見る先生とはどこか違う。

そこにいるY先生は営みの中の一人の人間だった。

ヌルッと起きあがる姿はどこか酔っぱらった侍(さむらい)が床から抜け出してくるような印象を与えた。

その姿に驚いただけではなく、Y先生の部屋に驚いた。

ボクの勉強部屋と変わらないか、狭いぐらいの部屋にベッドを置き、それ以外は全て本だった。四面が本で埋め尽くされ、古本屋のようだった。

「先生、これ、全部読んだんですか？」

「あぁ。面白いものは二、三回読んでる」

テレビドラマのように頭をくしゃくしゃにし、気づくと先生はパジャマからカジュアルな格好に変わっていた。
その格好も学校にいるときの先生ではなかった。
この人は先生という仮面を被っている人なんだ。
誰もが生身の人間で、それぞれの役割を担って生きている。
その役目を演じているその人と、素のその人のギャップにときどき驚く。
中学生だったボクたちは確実に驚いた。

「本を読むのって面白いですか？　ボクなんか罰ゲームのような気分になります」
「本は学ぶことが多いんだ」
「散歩でも行くか？」と先生は歩きはじめた。
酔いどれ侍の後をボクとN君はついていく。
春の空はどんより曇り空。

海は堤防を相手に荒ぶれていた。

風は潮を含み、生暖かく頬をベタッと舐(な)める。

「おまえら英語、勉強せいよぉ」

「は、英語っ?」

「おう」

「苦手なんです」

「それじゃいかん」

この国しか知らない人間はつまらない。

世界へ出ろ。

もう目の前にそんな時代が来ているという話をどこか寂しそうに先生は目を合わすことなく、海を向きながら話した。

続く身の上話はこうだった。

「俺は商社に内定もらってたんや。いまごろ、海外で仕事をしている予定やったんや」

「先生はなんで先生になったの?」

「親やな。親の反対やな。地元へ戻ってこい！　ってな。だから俺は田舎で教師や。まだ、採用もされてないけどなぁ」

　そのときの先生の目がキリリとしていたか、後悔の色をしていたのか子供だったボクには解らないが、この話が春の鈍空に合いすぎて怖かった。この人は傷ついているって本能的に感じた。

　この街を出ないといけないって教えてくれたのは、この先生のコトバかも知れない。出ていかなかった一人の大人が傷ついている事実を知った。

　ボクはもしかしてもの凄く小さな世界に生きているんだろうか？　ボクはそれにも気づかないぐらい小さいんだろうか？　となると、ボクもそしてボクのまわりにいる人たちも、小さい世界しか知らない人たちということになる。なんか先生と話していて怖くなった。

「一番に始めないといけないのは、知ることかもしれない。

「ボクは何も知らない！」ってことを知ることだ。

目の前にある平和な枠や柵を乗り越えて、知らない世界へ出かけていって、無知な自分とご対面。

**大恥をかいて、出直して、また大恥をかく。
自分ってちっちゃいなーって思う時点から人は大きくなりはじめる。**

世の中って大きいんだ、世界って大きいんだ、自分って小さい存在なんだって気づくから、心が大きくなりたいって求めはじめる。

自分以外がみんな知っていることがあって、初めて自分は無知なんだって気づく。

人生最大の発見は自分の知っていることは一部だって気づくこと。

出てってやるーと思った。

ボクには帰る場所がある。だからこそ出ていくべきなんだ。

打ちひしがれても帰ってくる場所があるから、出ていける。

出ていく怖さと、居残る怖さの綱引きだ。

帰ってこられる場所があるなら、出ていく怖さを選ぼうって思った。

中学二年のころのボクにとって、「本を読め」「英語を話せるようになれ」「世界へ出ろ」というアドバイスはなぜか突飛に感じた。

そんなことを言っている人、実現している人がまわりにはいなかったからだ。

「ふーん」と聞き流してしまいそうな情報、「自分には関係ない」って処理してしまう突飛な情報がやってきたとき、あなたはどう対処してるだろうか?

ボクは「なるほどねー!」と一度、受けとめ、このあとの人生、この情報がボクとどう関わっていくのか覚えておこうって心に記憶させる。

そして、何かあるたびに思い出しては、懐かしんだり、学んだりしている。

夢・実現のヒント

⑦ 突飛な情報を無視してはいけない。それらの情報は、道を間違えず進んでいくためのヒントだから。

第8の法則

憧れる成功者に会う

あなたの中の「成功者」っていうコトバが持つイメージはどんな感じですか？

仰々しく、偉そうで、ギラギラしている感じですか？

成功者ってきっとこんな感じよ！　と勝手に醜いイメージを持っていませんか？

それらは富や名誉を手に入れる恐怖感が創り出した虚像かもしれない。

もしかして、それらがあなたの壁になっていませんか？

成功への導きをしてくださるメンターはいますか？

憧れる力は能力を開花させてくれる最大の力だ。その人のコトバに感動し、その人の行動に憧れ、その人の存在自体が勇気になる人を持っている人は強い。

迷ったとき相談することができ、怠惰な自分をその人を思い出すだけで奮い立たせ、ずれかけた自分の軸をチューンしてくださる人をしなやかに進んでいくことができる。

人生の師、仕事の師、男としての師、女性としての師、父母としての師、複数の師を持つこともいいかもしれない。そんな人がいる人生に感謝し、精進し、前に進み続けたい。ボクにとっては、Kさんがそういう憧れの人だ。

Episode 8

メンターは誰か

仕事を始めて、Kさんの存在を知る。
ボクはただ遠くから眺めて、講演を聴き、メモをし、Kさんのスピーチはユニークでスペシャルだった。
聞いた端から元気になり、興奮し、幸運が転がり込んでくる勢いだ。
なにしろ存在自体が完全に圧倒的だった。

見聞きしたスピーチを真似て友達に話すと……。
「最近のタクは変わった！　素晴らしいよ！」と絶賛される。
「いえいえ、見聞きしたことを真似て話しているだけだよ！」と弁解。
しかし、何かが伝わっている。

新しい生きるセンス、新しい考え方のメソッド、新しい自己表現。
Kさんはなにかが違う。**その「なにか」に皆が惹かれるのだ。**

その「なにか」が何なのかを日々、研究する。そしてまた、グイグイと惹かれる。

あるとき講演を聴きに行き、打ち上げパーティーに誘われる。

Kさんが間近に見られる！　と興奮した。

そのパーティーはホテルの一室が葡萄園になっていて、みんながなっている葡萄の房を手で取り、食べるという不思議なパーティーだった。

部屋に設置された葡萄園に驚きの声を上げる人たちも沢山いたが、ボクにはどうでもよかった。ボクはKさんを間近で見てみたいという思いで脳味噌はパンパンだった。

どんな雰囲気の人なのか知りたい。

普段、どんな話をする人なのかを肉眼で体験したいという一心だった。

そんな折、名刺を渡せる機会をボクは得た。

緊張だー！　緊張だー！　チャンスだ〜！

「ヤマザキタクミと申します……」

「あ、っそ」ってことで、会話の機会を逃す。

うー。ボクってそうなんだよね。もー。そうなんだよね。いつも、そー。いざってときにダメなんだよね。

と、自分を責める二一歳のボク。

パーティー中、ジッと見ていた。壁にもたれ見ていた。傍目(はため)には危ない少年だったかもしれない。ジッと見ていた。

そして、パーティーの終わりにもう一度、名刺を持って挨拶してみた。

きっとボクなんか覚えてもらってないから。

「あれ？ さっきも来たよね？」

ドキッ！！！

「ヤマザキね」

ということで二度目の名刺がばれちゃって、赤面して全てが終わった。ただただ興奮した夜だった。何だかわけの解らない一夜だった。

そして、次の日……。またもや講演会に参加し、花束を持って行った。
「あれ？　ヤマザキ、来てたの？」とKさんに言われる。
ビビビッ……！　と電気が体を走る。
ボクの名、名前を覚えてくださった。もー、有頂天で講演の内容なんて空の上。
「頑張る！　頑張るぞ！」と心臓の高まる鼓動と一緒に決断を固めた。

そんなことがきっかけで少しずつお話を直接、聞ける機会が増えた。
それは世にも贅沢なことで、成功のエッセンスがたんまりだった。
学ぶべきことが脳味噌から溢れて、慌てて拾って脳味噌へ……だった。

そんなあるとき、「そんなおまえだったら成功なんかしない！」とある人に中傷された。
実はこれが結構、こたえて、ボクはフラフラだった。
ボクの浮かぬ顔を察して、Kさんが「どうしたの？」と尋ねてくださった。
「そうやって、仰っている方がいらっしゃるんですけど、ボクはどうでしょうか？」
「わしは、おまえのこと、上玉と思うけど」

「えっ」
「いやぁ、わしから見ると、おまえは上玉だよ。おまえ、凄いことになると思うよ」
その「上玉」っていうコトバが、胸に響いた。
今まで曇っていた胸の内は何だったのか？
Kさんのひと言で爽快のピーカンになった。

「ほんとですか？」
「いや、おまえは成功すると思うけど」
それが、えも言われぬ自信につながっていった。
成功を本気で志すが故、心の芯は実のところ臆病者だったボク……。
あたたかいものが広がった。

大学をやめるときもそうだった。
既に在学中に仕事は発展し、大学卒業の意味を感じなかった。
「たとえ、卒業して、世の中に出たって、いま取っている収入すら、取れない。もう収入が相当あるのに、大学卒業という肩書きとか、名誉のため、徒に時間とお金を使

うのはやめよう」そう思って、学校をやめることにした。
両親に言うと、母はショックを受けた。
「お願い！　大学だけは卒業して！　教員の免許だけは持って帰ってきて！」
鼻水と涙で、切願された。
実際、あの時代に大学中退は親の顔に泥を塗ることになった。
近所の人たちに何て言えばいいの？　と嘆くのも当たり前の時代だった。
母はちょっと取り乱し、父は、ツーッと一本だけ涙を流して、こう言った。
「わしたちの時代にもチャンスというのを摑んで成功したもんもおる。松下幸之助とか、本田宗一郎とか、とてつもない成功者が日本にはいる。しかしながら、わしは、そんなチャンスは摑んだことはない。しかし、おまえは摑んどる。やってみろ。その代わり、錦を飾るまで三重の地を踏むな」

次の日、ボクは広島に戻った。
それを見届けて、両親は車を走らせ東京へ向かう。
なんと、Kさんの家へ向かい、Kさんに直談判しに行ったのだ。

親としては、コトバでは息子にああ言ったものの、心の芯から納得ができてなかったんだろう。

息子の尊敬するKさんの意見を聞いてみたいと、勢いで田舎を飛び出したのだ。

両親はいきなり、Kさんの家の呼び鈴を鳴らす。

「お菓子だけ持って参りました。御連絡もせず、その無礼ながらいきなりやってきて、お会いさせていただくというのは、当然、無理なことです。それは仕方ないことなんで、お菓子だけお届けにあがりました」

偶然、Kさんが出てこられ、優しく言ってくれたらしい。

「どうぞ、どうぞ、お上がりください。今日は、お母さん、お父さん、どうされたんですか？」

「いや、それが、うちの息子が大学をやめると言ってて、何とか、Kさんに止めてもらえないかと思いまして、伺いました」両親は、一生懸命訴えたらしい。

Kさんは、力強く、言い切ってくださった。

「**お宅の息子は、成功しますよ。とてつもない成功をすると思いますよ**。わたしも、今ちょうど海外から帰ってきたばかりで、親を連れて行っていたんだけど、必ずお宅

の息子さんは成功されて、家族を旅行に連れて行ったりするようになりますよ」
「ええっ、そうですか。うちの息子は、なりますか?」
あっという間に、ボクの両親は、納得してしまい、気づいたらKさんの大ファンになっていた。

Kさんのアドバイスは、生活の中にもイッパイある。**生活全てが成功発想なのだ。**

ハワイで一緒に買い物に行っていたとき……。
「Kさん、どっちがいいと思います?」
「迷ったら、両方よ」
「あっ、はい!」
迷ったら両方!! 凄い。

ミラノの一流店に行ったとき……。
「Kさん、ボク、何買ったらいいですかね」
「大丈夫よ、ここにあるのは、何を買ってもいいのよ」

「そうですよね」
ナチュラルで当たり前だけど、見逃している本筋にいつも気づかせてくださる。

「Kさんがある程度成功して、初めて手に入れた高価なものって何ですか」

「うん？ タクにとって、幾らからが高価なの？」

「なるほど!! その基準が変わっていくんだ。

「初めて買ったのは、ベンツで……」みたいな答えをくださると思いこんでいた。

発想が違う。

Kさんは、やる気にしてくれるのではなくて、発想のベースにある世界観・価値観を変えてくださる人だ。

会うたびにそのエッセンスをいただき、人生は楽しいものになっていく。会った後、いつも驚くのは不思議なほど会うことで元気になるのだ。

次第に、まわりから、「凄いユニークな発想をされますね」「面白い発想ですね」とボク自身が言われるようになっていった。

それがまた、面白かった。社会に通用していく自分というのが、すごく面白かった。自分が、話すことによって、みんながメモを取ったり、「今日はよかった。解った‼」「学べました」という感想が嬉しかったのだ。

「成功する秘訣は何ですか?」とボクは、Kさんに真剣に聞いてみた。

「**物事は原因と結果だよ。まず、結果を先に決めて、その原因になることを探し、やるだけだよ**」と答えをいただいた。

Kさんは一瞬で人を魅了するエネルギーの持ち主。

人を喜ばせたり、常に人の心を救うことができる機会をKさんは見逃さない。

だからみんな、気持ちよく根こそぎ心を持っていかれる。

ボクはそんなKさんにいつも憧れている。

夢・実現のヒント

⑧ 素敵な成功者にもっともっと会ってほしい。
そして彼らに魅了されてほしい。

第9の法則

逃げ道を確保しておく

自分にプレッシャーをかけ、追い込むことで道が開けるという俗説がある。
本当にそうなのだろうか？
プラス思考だ！
前向きに！
暗く考えるからダメなんだ！
うまくいくって思いなさい！
……って言われても、腰が引けるのが人間だ。
なぜ成功していく者たちは明るく、爽（さわ）やかにチャレンジできるのか？
ボクの場合は逃げ道発見法だ。逃げ道があるなら堂々と正攻法でやっていける。
逃げ道を考えるものは弱気だと思うように、いつの間にか教育されていないか？
逃げ道は重要だ。最悪の場合、これこれは守れるってのがあるから本気のチャレンジができる。
怖れることなく、全身全霊で立ち向かっていけるのだ。
逃げ道を確保したチャレンジだから、道は容易に開いてくれる。

Episode 9

臆病な心とどう向き合うか

大学へ進むとき、ボクはあえて生まれ故郷の三重を離れ、広島大学へ進むことにした。

ボクが広島に出て行くとき、家族会議で揉めた。

これは高校を選ぶときと全く同じ質の揉め方だ。

親は自分の目の届かないところへ行ってしまう息子に不安と寂しさを感じていた。

当たり前の親のあたたかい愛である。

「あんた、何が不自由で外に出て行くの」と母に言われた。

「いや、違う、幸せなんだよ」

ボクは母に言った。

「幸せだから、ボクは怖い。こんな幸せな環境で育っていたら、ボクはでかい人間になれないかもしれないと思ってしまうんだ。温室育ちになってしまうかもと思うから……いつでも帰ってこられる環境があるからこそ、ボクは勝負したいんだ。ダメだっ

「いや、これが帰ってこられる場所のあるヤツの強みなんだよ。だから勝負させて!」
「また、そんなこと言って」
 たら、いつでも音をあげて、帰ってくるから

 それがボクの考え方。
 その臆病な心とどうつき合うか? が生きる極意だ。
 でも、臆病を克服しているほど人生は長くない。
 ボクは臆病なのかも知れない。

 逃げ道がある人は強い。
 逃げ道があるからこそ正当な選択ができる強さを持っている。
 逃げ道っていう最終手段があるから、保険をかけているようなものである。
 だから、実際選ぶ選択肢に逃げ道を内包させなくていいのだ。
 臆病なボクでも逃げ道があるから勝負できる。

「言っていることはわかるけど、ボクは臆病で……」と選択できないのは、最悪の時どうするべきなのかを考えることができていないからだと思う。
最悪の場合に対してのアイデアを考える。
それが発見できたなら逃げ道は確保できたと考えられる。
確保できたなら、正論でやるべき道を選択するのだ。

だから、東京とか出てくる人にもこう言う。
「田舎があるヤツは、都会の都心に住むべきだ！」
田舎から出ていく子って、やっぱりビビるから、
「ボク、東京にいるんだよね」
「東京のどこに住んでるの」
「いや、東京じゃないんだけど……」みたいなケースが多い。

ビビる気持ちもわかる。だけど、田舎という帰る場所があるんだから、ボロい部屋でも小さい部屋でもいいから、都会のど真ん中に絶対住むべきだと思う。

勝負してダメだったら、田舎に潔く帰る。
それでいいと思うから、ボクは都心で家賃の高い地域を勧める。

ビジネスや人生でも同じだ。
心配ばっかりして前に進めない。
臆病な心のせいにして前に進むことを拒んでいる。
その臆病な心があるから危険が回避できるんだ。
世には臆病な心がないが故、突撃し、撃沈し、自己破壊型の生き方をしている人が沢山いるのだ。

その臆病な心を働かせ、最悪時の対処法を見つけるのだ。
そして、正当な手段で前に進んでいく。

夢・実現のヒント

⑨ 最悪の事態を想定し、
それが起きたときの打つ手を持っておこう。

第10の法則

ゴールを意識し続ける

単に「結果を出す」というものと、「結果を出し続ける」というものはやり方が違う。

頑張り続けるには、頑張りを続けていくための方法論がある。

成功もそうだ。

「成功する」と「成功し続ける」は方法が違う。

「勝つ方法」と「勝ち続ける方法」が違うように。

ある程度、結果が出たなら、次に結果を出し続けていくことに着眼するべきだと思う。

早く結果を出したい。ゴールへ向かうスピードをアップしたい。

だからこそ単純に、どうすれば上手くいくかを考え、一日に多くのことを解決していけば良い。

故に、一日に沢山の仕事やアポイントを入れる。

しかし、一個一個の仕事がバタバタしていては仕事の精度は落ちてしまう。

たとえ一日に沢山のやるべきことがあるとしても、一つひとつの仕事を優雅にゆったりとやりこなしていく必要がある。

まわりより少しだけ早取りし、まわりより少しだけゆったり行動する。

そうすることで魔法の時間が流れる。

Episode 10

なぜゴールが見えないのか

二三歳のとき、こんな悩みにぶち当たった。

頑張り続けていくことで、日々やっていることがある程度かたちになりはじめた。

「やるぞー」の気持ちも二年半、途切れることもなく続いている。

少しずつ、いろんなことが解りはじめてきた。

そのころ、いろいろ解れば解るほど、悩みや問題は少なくなると思っていた。

しかし、人にとって悩みなど消えることはない。

成長のレベルにしたがって悩みも質を変えながら成長していく。

背が高くなった分だけ前の高い壁が見えてくるっていう法則がある。

小さな器には悩みも小さく、大きな器だから悩める悩みもある。

「象を入れることはできるか？」と悩めるだけの大きな器だということだ。

悩みの大きさが自分の大きさ。悩むべき問題を受け入れよう。

自分はある程度の結果が出るようになったが、ボクの仲間がそこまで成長してこない。

どうやったら仲間が結果を出せるようになるんだろう？どうしたら薄い成功ではなく、深い安定感のある大きなものになるのだろう？試行錯誤し、画期的にうまくいく方法が見つかることもなく、ある結論に辿り着く。できている人に聞くしかない。

Aさんは、大きな組織を持つスターだ。Aさんの持つ雰囲気にまわりが飲み込まれるほどの存在感を常に持ってらっしゃる大成功者だ。

ある飲み会のときに、そのチャンスは訪れた。

「Aさん、組織を大きくしたいんですけど、どうしたらいいんですかね？」

ボクは思い切って聞いた。

「意識すること」

Aさんは淡々と答えた。

「意識……、意識って何ですか?」

「そうしようと思うこと」

「いや、そうしようと思ってできないから、何で、ならないのかなあと思ってお聞きしているんですけど……」

「意識すること」

Aさんは、また、はっきりそう言った。そして、話題は違う方に行ってしまった。

ボクは、ポツンと取り残された。

意識するとは「そうしようとする」こと。

そうしようと思っているんだけどな。

そうしようと思っているけど、ならないから聞いているのになぁ。

意識すること。

意識するとは「そうしようとする」こと。

ずっと自問自答を繰り返してみた。

暗闇の奥底から光が一閃して放たれた。

あ！　解った！

「そうしようと思う、思いが弱いんや」

いま考えると、弱いだけじゃなくて、もっと長い期間において、思わないといけないんだとわかる。

もっと強く思わないといけない。
思い続けないといけない。
そのことを忘れてはいけない。

五年間思い続けていても、酒の席のときだけ、そのことを思い出す人っている。
そうじゃなくて、隙間なく思い続けること。

「いいですよね、そういうふうになって。何でそうなったんですか？　秘訣は何です

か?」沢山の人が、成功者に秘訣を問う。

秘訣はある。しかし、その秘訣を聞いた人がなるほどと言って、その秘訣をただやっても、そうはならないと思う。そのベースにあるものは、「そうしたい、そうなりたい」という思いをずうっと持ち続けることなのだ。

「そうなりたい!」だけの、情熱的な突き上げるような思いだけだと、その気持ちを長く持ち続けられない。

疲れたりして、バーンアウトというか、息切れというか、そんな結末が待っている。

何かをこうしたいと思ったときに、そうしようと思うこと。

意識し続けること。

意識されたことによってこの世は成り立っている。

意識の世界は偉大だ。

頭の隅のほうに、二年間、常にある状態。

だからこそ、好機を逃さない。

インスピレーションが突如降りてくる。

動物的なカンが働く。

あることに気づく。

見逃さない。

方法論が閃（ひらめ）く。

……等々の小さな、あるときは大きなことが積み重なり達成がやって来る。

鋭い一撃で達成されるものではなく、現実に長時間、面で当たっていくような努力が必要な気がする。

人間の「思う」という力は才能だ。

その「思う」ことの連続。「思い続ける」ことの奇跡を体験してみてほしい。

夢・実現のヒント ——

❿ この世は「思い」によりできている。「思い」の大きさにより具現の度合いは違ってくる。

第11の法則

目の前の意味を変える

目の前のチャレンジ、その結果にはこだわるべきだが、こだわりすぎると恐怖感に変わってしまう。

何でも、さじ加減が大切なのだ。

その恐怖感を緩和し、最大限自分のピークパフォーマンスを引き出す方法としてリラックスが求められる。

しかし、リラックスを心がけてリラックスした状態が作れるなら苦労はしない。

どうすればリラックスしたいい状態で自分の実力が発揮できるのだろう?

それはそのチャレンジに一体、どんな意味を与えているかが決め手だ。

達成した先に何があるか

中学三年の秋になると受験の空気が校内に漂いはじめる。何か重い空気に全員の念力で立ち向かってる感じがするぐらいクラスもキリキリしはじめた。

そのとき、ボクはある私立高校に受かった。

はじめに、特待生のコースを受けたら、落ちた。落ちたけど「お金を払うんだったら、受験クラスに入れますよ。かつ、勉強して優秀だったら、途中から授業料は免除にしますよ。どうされますか」というコースに受かった。

その私立高校は丸坊主がルールだった。それが一番哀しかったが、受かってしまうと「それもまたいいか!?」と思うようになる。

「もう、公立高校とか、受けるのやめようかな」と、だんだん思ってきた。

もう、この高校に決定してしまえば受験勉強しなくていいんだと思うと、一気に気

「先生、この私立に決めようと思うんですが、どう思われます？」
「受験クラスだし、いいんじゃないの」と担任の先生は言ってくれた。
「ああ、そうですか」
なぜかホッとした。もう勉強しなくていいんだって思うと笑みまでこぼれた。
それで、職員室に行って、先生にフリをして報告に行った。
持ちは固まった。この憂鬱な毎日を終わりにしたかった。

そのときだった。
彼女は、触った。
「タクミ、あんた、公立高校、受けるの怖いの？」と一言。
少し体格のいい、眼鏡の女教師、漫画に出てくるタイプだ。
前の席のT先生が、いきなり、口を挟む。
「そこを触ったら許さんぞ」っていうボクの心の場所をまさに触った。
「こ、怖くなんかないですよっ！」
きっとボクの目は彼女を睨んでいただろう。

「あんた、怖いんでしょ。何、ビビってるのよ」
「ビビってないっすよ」
「じゃあ、受けなさいよ」
「ああ！　受けますよ！」

「先生、ボクが受けられる学区の公立高校の中で一番難しいのはどこですか？」
「あなたが受けられる範囲で一番難しいのはこの高校よ」
「それ受けますわ」気づくと、ボクは啖呵を切っていた。

そこから、もう、バカほど勉強が始まった。一日四時間以上は当たり前。
そのキッカケは、T先生の一言「あんた、怖いの？」。
確かに怖かった。ボクは受験っていうプレッシャーにもう負けていた。
それが一気に発憤したのだ。
勢いで決めた、その高校は、何と、下宿が必要な学校だった。
遠くて、通うことはできない高校。

「下宿かぁ～!　一人暮らしか～!」

そのとき、既に、どっかで目標がすり替わっていた。

最初は、先生のひと言に腹が立って、その高校を受けることを決めたけど、頑張った理由は、「これ受かったら、下宿だ!　一人暮らしだ!」っていう、ワクワク感だった。

「一人暮らしが始まる、楽しい」

あっという間に、その先生の鼻を明かしたいという気持ちもなくなって、「楽しい、憧れの下宿生活」というイメージで、ガーッと勉強していった。

勉強で疲れたときにも、「これ受かったら、下宿だぞ!!」と、自分を励ました。

そして、結果的に、その高校に受かってしまったのだ。

喜びは絶頂に達し、「ボク、来春から一人暮らしなんですー」とみんなに言ってまわった。

ボクが受験校を変更したのは、机越しのT先生の一言がきっかけ。

いまでは、その一言に感謝している。

やればできる。ボクはさらに自信を深めることができた。

こうして、ボクは、一五歳から一人暮らしを始めるようになった。いま振り返ると、一五歳から一人暮らしをするという行為の、メンタリティに与える影響は本当に大きかった。

何もかもが自由だから自分で自分に対するルールを作っていくことを習慣付けさせてくれた。ボクは、きっと、人より、早く自立できたと思う。

下宿も決まり、自転車も買ってもらい、学校までの道も覚え、家財道具を揃えてもらい、ボクの新しい生活が始まった。

高校生になるという不安と期待、一人暮らしを始めるという不安と期待、知らない街で暮らすという不安と期待……全部が一緒くたに心の中で踊り狂っている。

進んだ高校には同じ中学校出身者はいなかった。

ボクの過去を知るものは一人もいないのだ。
ボクはどんな人間にもなることができる自由を得た。

自問自答は続いた。
ある意味のセルフプロデュース初体験だった。

どんな自分で在りたいか？
どんな自分で過ごしたいのか？
どんな自分で過ごそうか？

ボクは陸上部に入る。
中学時代、ある意味、走ることに燃え尽きていたボクは、それほど自分に期待はしてなかった。
第一、ボクの進んだ高校は進学校だ。
仲間たちはスポーツ重視の高校を選んで進学していった。
到底、歯が立たないのでは……って諦め半分のモードだった。

練習に参加してみた。
たいした練習じゃない感じがした。
でも、二年、三年の先輩に勝てなかった。
この程度の練習じゃ試合で勝てない。
その程度の練習しかしていない先輩に勝てないボクはもっとダメな存在だった。

100M、200M、400M、800M、幅跳び、三段跳び、やり投げ……いろんな種目を試してみた。
選択する種目の選択基準は「全国大会に行ける可能性があるもの」と限定される。
もし、陸上競技で見つけられなかったらバドミントン部への転向を考えていた。我が高校のバドミントン部は強く、全国大会へ行ける可能性を感じていたからである。
とにかくどんな方法を使っても、どんな種目でもいいから全国大会に行きたかったのである。
そして、それもダメだったら早々に切り上げ、受験勉強をするって決めていた。

きっとまわりからは奇妙な奴って思われていたか、お遊びでやっているって思われたと思う。

でも、やってみないと解らない。試してみないって解らないって自然に思った。

100M、200M、400M、800Mはガッツリと力の差を感じた。

幅跳び、三段跳びはお話にもならなかった。

野球で鍛えた肩もやり投げには向かなかった。

が、最後に試した400Mハードルで手応えを感じる。

走り終わったとき、酸素不足のボクの心は苦しみながらも笑っていた。

「これはいける！　これなら全国大会に行ける！」と心の底で叫んでいた。

この手応えはコーチも同僚も誰も気づかない、ボクだけの手応えだった。

まさにチャンスの発見だった。

400Mハードルは厳しい。

まあ、びっくりするぐらい苦しい種目。

第11の法則 目の前の意味を変える

400Mという長い距離にハードルが一〇台並ぶ。ハードルとハードルの間は35M。

奇数歩で走れば踏切足は同じだが、偶数歩だと踏切足が反対になる。コーナーにもハードルは置かれるわけで、左足踏切の人は遠心力で外に体を振られる。

ボクはラッキーにも右足踏切で得をした。

しかし、左足踏切が苦手で常に奇数歩で走ることを強いられた。

ま、とにかく400Mという距離は過酷だ。

「なんでこんなものが得意なんだー」と天を仰ぐこともあった。

初めは強くなっていく自分がおもしろくてたまらなかった。

二年生の時は三年生に混じり三重県で六位に入賞し、東海大会へ出場。

二年の冬、ボクはT先生の門を叩く。

近くの中学校の教諭であり、三重の一般の400Mハードルの覇者。

強面で、存在自体が豪快で、不思議なユニークさを醸し出している先生と噂だった。

「何しに高校生が中学生の練習に加わりたいんだ？」

聞いていたとおり強面だ。

「強くなりたいんです！」と、爽やかにボク。

「ま、加わって勝手にやってくれー」とお許しをいただく。

「知りたい」と思った。

数回目の練習参加で、ボクはT先生に魅了されていく。

豪快に見えるが、実はかなり細部にわたりT先生の意図が感じられる。練習も破天荒だが、最新の運動科学の知恵を感じた。

速く走るための秘訣だけではなく、彼の教育方法にも魅了された。

「泊まりに来るか？」

「え？　いいんですか？」

飯を食べに行く。焼き肉屋さんだ。
テーブルに届いた肉をグニュグニュまぜて全部を網の上に盛り上げる。
「下の焼けたのから食えよ」ってニマッって笑う。豪快なのだ。
先生の家にお邪魔した。
不思議な緊張を感じた。
「先生、奥さんは？」
「今、産まれたばっかりの子供の調子が悪くて病院に付き添っているんだ」
「そうなんですか？　いいんですか？　ボク、お邪魔して……」
「ははは！」
至って豪快だ。
「さ、風呂に入れ！」

風呂から上がると先生は電話で大笑いしていた。
東京のW大学だった先生は東京のコトバで話していた。
どうやらスポーツメーカーに就職した友達と話しているようだった。

「そうか……強い選手はスポーツメーカーがスポンサーにつくのか……」
「先生、グランドにいるときと違うなぁ。東京弁しゃべっている」
「W大学って頭がいいんだなー」
云々かんぬんとボクの頭の中は忙しい。
どんどんT先生にボクは引き込まれていく。
「お！　上がったか？　寝るぞ！　明日も朝練だ！　五時に起きる」
「え？　五時っすか？」
「そーだ！　寝ろ！」
「はい！」

その晩、先生のお子さんが亡くなった。
豪快な先生の複雑な目を見て、ボクは何を言ったらいいのか解らず狼狽した。
人は一人ひとりの人生の物語の主人公で、笑いもあれば涙もある。
なぜかそんな重大な夜、脇役としてボクは先生と時間を過ごした。
ボクは魔法にかかったようにT先生の世界へ心酔していく。

それから何度も何度も泊まりに行く。
何度も何度も練習に参加する。
少しずつ教えてくださるようになる。
陸上競技と生きるってことを。

ボクの走りは前半からぶっ飛ばすパターンだ。
ドンッとスタートするとスルスルスルと一台目まで加速する。
ここで息を止めてはいけない。
ここで吸った酸素をレース中に使うからだ。

向こうストレートは加速し、得たトップスピードをキープしながら流れるように走る。スピードは落とさず、エネルギーは温存するのだ。
向かい風のとき、不調のときは歩幅をやや広めに取る。
決められた歩数をどんな状況でも守りながら今日の最高を目指すのである。

第3コーナーに入る。200M地点だ。
ここで後半の体力切れを予感して弱気になってはいけない。
皆が不安に陥るここで力を入れ、他を引き離すのだ。
体力を使った戦略的心理作戦だ。

当然、疲れが出はじめる。
歩幅が短くなりハードルと踏切足が合わなくなりはじめるのだ。
合わなくなる前にピッチを変える。二歩増やすのだ。
問題が起きてしまってからの対処は対処ではない。
問題が起きる前に対処するから対処なのだ。

このとき大切なのは今までのリズムで二歩増やすと失速してしまう。
二歩増やすハードル間はリズムを変えるのだ。
パッパッパッ……と走ってきてハードルを越える。
その後、パパパパパ……とスイッチ。

「パッパッパッ」から「パパパパパ……」なのだ。

第4コーナーにさしかかる。ここからは気力だ。

腕は鉛のように重くなり、足は思うように動かない。

苦しい。厳しい。

目から光が消えたら疲労の壺の中に引きずり込まれる。

「勝つ！　勝つ！　勝つ！」の戦うモードで困憊する心を奮い立たせる。

「負けられない」のだ。

ゴールまで辿り着く。

ボロボロに疲れ、弱った体をゴールまで届ける。

興奮し、奮い立った心が休むことを良しとはしない。

咳き込むほど空気を欲しがる肺へ生暖かい気体が吸い込まれる。

乳酸に侵された筋肉が悲鳴をあげる。

痙攣ではない。

筋肉も空気を欲しがっているのだ。
この状態を「神の領域」とボクは呼んでいた。
神が「これ以上来るとおまえは死に近くなるぞ！」と線を引く。
それを少し超える。
だから人より速い。
だから厳しい。
線の向こうは神の領域なのだ。
この厳しさを陸上競技経験者はきっと知っているはずだ。
三年になるとボクは三重県で一番になった。

　一番であることは嬉しかった。
　嬉しかったが、走るのが怖くなりはじめていた。
「タク、今、やめれば一番の山﨑で終われるぞ」みたいな悪魔の囁きが自分の内から聴こえてくる。

「う、走りたくない」
「でも、出るからには、勝たないといけない」
 もれなく、走りはじめたヨーイ・ドンから五十数秒後には、間違いなく、苦しいところにいる……肉体的にも精神的にも。
 とにかく、走るのが怖くなった。

 悩んだ。
 いや、考えた。
 このつらさはボクだけ？
 本当に強い選手はどんな強靭（きょうじん）な精神力を持っているの？
 それとも特別な考え方があるの？
 そんなものがあるなら知りたい。
 ボクは、T先生の教え子たちに、そっと話を聞きに行った。彼らは、年下の中学生。だけど、恥ずかしいとは感じない。

ボクはただただ知りたかった。

「ちょっと、おまえ」って、中学生の100Mの選手をつかまえた。
「おまえさぁ、T先生に、走る前、どう考えるように教えられてるの?」
「『神様、勝たしてください』ってお祈りするのではなく、『神様、何も応援していただかなくてよろしいです。だけど、このレースが終わったときに、一個だけ次への練習への課題をください』ってお祈りして、走るようにって教えてもらってます」

ボクは正直、ビックリした。
ガツンと来た。
想像していたのは豪快な精神論。
目の前に現れたのは謙虚で力強い思考方法にたまげた。

神に勝つことをお願いするのではなく、次の試合までの課題発見を願う。
いま目の前の大切なレースをそうセッティングすることで、余計な恐怖心や過剰な

勝ち急ぐ力みを排除していく考え方に痺れた。
過剰に勝ちを懇願し、怖くなっていた。
過剰に勝ちを懇願し、自分を見失っていた。

この考え方は陸上競技だけでなく、生活にも忍びこんだ。

人生は続いていくのだ。

「今」「今」「今」の連続が人生だ。

あまりにも大切な「今」にこだわり過ぎて焼き切れてしまいそうなボクがいる。「おーっと！　危ない！　危ない！　ここから次への課題を学ぼう」「今の努力」の報酬としていただける「未来を飛躍させるヒント」。

チャレンジし、課題を手に入れ、次のチャレンジが待ち遠しくなる。

またチャレンジし、課題を手に入れ……。

もう、チャレンジは怖くない。

その後、東海大会でも二位に入り、その時点で全国高校ランキング八位に躍り出た。

念願のインターハイ進出。
ランキングベスト10入り。
夢が叶（かな）った。

目の前には壁が存在していた。
確かにボクが前に進もうとするのを拒絶しようと存在していた。
しかし、その壁に与えている意味を変えるとそのものの存在が消えた。
「勝たねばならぬチャレンジ」と意味を与えていると……。
「負けることへの恐怖」として壁は存在する。
「次のレースまでの課題発見の場」と意味を与え代えると……。
「学ぶことへの喜び」として壁は姿を変えるのだ。

夢・実現のヒント

⑪ 困難をものともせず越えていく人たちとの差は、力の差ではなく、心の視点の違いだったりする。

第12の法則

学べる環境をデザインする

自分より優れた人間に会うと、自分と比べ萎縮したり、自分を卑下してしまったり、嫉妬する人がいる。もったいないことだ。

ボクは逆だと思っている。

自分より優れた人たちに囲まれて、その人たちの影響を受け、自分を成長させていくことが何よりも大切だ。

自然に目に、耳に入ってくる情報に影響され、知らぬ間に自分が成長していく環境を整えることが大切だと思う。

常にお山の大将になるのではなく、学べる環境を持っている人は強い。

人間は環境の動物だ。

そして、その環境を選ぶセンスが人間の才能だ。

そうやって、ボクは自分の環境を作ってきた。

Episode 12

誰と、どこに立ちたいか

高校二年生になったときにボクは下宿を変えた。

当時、近くに大学ができ、新しく下宿を始める民家が続出していたのだ。

ある年老いたおばさんと娘、その娘の息子の三人家族の離れを借りることになった。

洗濯と飯をお願いし、快適な一人暮らしが始まる。

ボクの行っていた高校は驚くほど下宿生が多く、一学年に一三〇名ほどもいた。

学校よりもこの下宿生たちのコミュニティも楽しかった。

先輩、後輩あわせて四〇〇名ほどの下宿生のほとんどは門限を持っていない。

「今日はどこに行く？」

「あの先輩の寮に行ってみる？」

「買い出しに二四時間スーパーに行くけど何かほしいものないー？」

「ビール買ってきてー!」
「ダメだよ! 今日は、あいつんところ、彼女が来てるみたいよー!」
「あれ? 今日はあいつは? 何してるんだろう?」

高校生なのに大学生みたいだった。
自由だからみんな自分のルールを持っていた。
学校も欠課数と欠席数を数えながら通った。

そんなある日……。「ヤマザキさん、母屋を増築してもっと下宿生さんに入ってもらおうと思うんだけど、どうかしら?」と下宿先の娘さんから、申し出があった。
「そうですか? 誰が入るかによって下宿の雰囲気は変わってきますから……ボクに選ばせていただけませんか?」とボクは下宿生の審査委員に立候補した。
選択基準はユニークで魅力的で個性的であること。
「この人といたら学べそうだ」と思えるみんなが集まった。

食事のときの会話が面白い。

「田中角栄の残した日本への影響、その意味は何だと思う?」

「それは○○だ!」

「いやいや□□だ!」

「第二次世界大戦の日本のミスは……」

「いや、それはそうでなくて……」

と、みんなの会話は弾んだ。

ボクはついていくことができず、まるでテニスの試合を観戦するがごとくキョロキョロ。口にするのは合(あい)の手だけで、ただただ感心するばかりだった。

「なんでみんなそんなにいろんなことを知っているの?」と聞いてみた。

「やっぱり本じゃないですかね？ ボクは本から得ている知識ですねー」と後輩が答えた。

「なるほど。本ね……」

中学二年のときのY先生の部屋を思い出した。

「そーか。本を読まなきゃ！　世界に出ないと……」
学校帰り、下宿に直行せずボクは本屋へ向かった。
「うー！」
何を買ったらいいのか解らず、下宿仲間を連れてもう一度本屋さんへ。
「これ、いいですよ！　あと、これ！　あ、これも！」
「これ全部読んでるの？」
「たいがいこの辺にあるものは読みましたねー」
「……」
少しずつだけど、ボクも本を読むことが習慣化していった。

春の川の氷が溶けて流れはじめる瞬間がある。
急に生命を宿して動きはじめる。
不意の出来事やコトバが何年か越しに舞い戻り、心を痺れさせてくれる。
知的好奇心を刺激してくれる仲間との生活は楽しかった。
誰かが失恋すると、集まり……相談にのる。

誰かの彼女が帰ると、集まり……のろけ話を聞く。

誰かが勉強が解らなくなると、……誰かが教えてくれる。

とにかく語り合った。

そんな仲間もある者は外科医に、ある者は海外へ、ある者は教育者になっていった。

ボクは、将来は教員になるんだって思ってた。

体育の先生になり、いい陸上選手を育てるんだって胸を膨らませてた。

国体選手に高校三年のときに選ばれ、飛び上がるように喜んだ。

「お！　箔が付いた。これで将来、説得力のあるコーチングができる！」って思った。

国体合宿に参加でき、まるで自分が一流選手の仲間入りをした気分だった。

有名で実力のある選手の間で練習できるだけでも興奮だ。

どこを観ても美しい。強い選手の動きは美しい。

感動の連続だった。

ホンモノに囲まれるって嬉しい。

そんなとき、M先生に呼ばれた。
M先生は三重県の陸上競技界で一番の大物先生だ。先生に少しでも助言を受けると、その選手が見違えるように強くなっていくっていう話をいつも聞いていた。
「お前は大学に行っても陸上をやるんか?」
「はい。やります」
先生から声をかけられるだけでも嬉しい。宙に舞いそうだった。心は舞い上がり、体は緊張でカキコキだった。
「ああ、そうか、おまえは努力でもってきた選手だから、努力を怠（おこた）るな」
「はい」
ボクは元気にそう答えながらも、ショックだった。
「努力なんだよなぁ。センスじゃなくて……」
わかっていたことだ。わかっていたことだけど、哀しい。
いや、努力できるってこともセンスのひとつだ! と慰（なぐさ）めてみても悲しいものは悲しい。

ボクは努力を積み上げてきた選手なんだ。
だから、努力を怠ったらダメなんだ。
また、「ただの普通の人」になってしまうんだ。
他人様が一〇〇回やってできるところを、ボクは一〇〇回やって、やっとできるのかもしれない。
だったら二〇〇回やって、人の倍の結果を出すぞっていう気持ちがどこかにある。
M先生のコトバは刺激が強すぎたけど、ボクは自分と努力のいい関係を見つけたのだと思う。

「できるか？ できないか？」ではなく「できるにはどうするか？」なのだ。
「できるにはボクにはどんな努力ができるか？」である。

努力はボクを輝かせてくれる媚薬(びやく)で、好き好んでやっていくべき道なんだ。
だったらそれを楽しんでやるって思った。
だって、それがボクの才能なのだから。

「努力家」って恥ずかしいって思っていたころがある。

夢・実現のヒント

⑫ あなたのまわりに素敵な人たちを集めてみよう。

もっとスマートにセンス良く、汗をかかずにって思っていた。
いま振り返ると滑稽(こっけい)な気がする。

努力し続けるには、そのことを好きになるのが近道だ。

「努力家が皆、成功するわけではないが、成功者は皆、努力家だ」というコトバを以前、聞いたことがある。「飽(あ)くなき追求」が道を開く。

あなたの心はどんな心を持った人たちの群れの中にいるだろうか？

魅力的だなと思える人たちに自分が囲まれているなら、それは極上の心的環境だ。

それらは、生活を通し、会話を通し、じんわりじんわりと影響を与えてくれる。
その影響はあからさまなものではなく、ゆっくりと本能に効いてくる。
ふっと気づくと自分がとてつもなく大きく変化していることに驚く。
そのとき、あなたの可能性は既に実力となり、能力は生活の習慣となっている。

第13の法則

自分の心の声を聞いてみる

自分に瞬間瞬間、「何がしたい?」と聞いてみる。

「こっちに行ってみたい」
「少しここで休みたい」
「目を瞑(つぶ)っていたい」

ボクたちは大半の時間、自分の気持ちを無視して、もしくはそれに背(そむ)いて行動してはいないだろうか?
自分にとっての無二の親友、生涯の友である自分の心との対話が欠乏してはいないだろうか?

Episode 13

その人生を歩んでいくのは誰か

二五歳のとき、「旅に出よう」と決めた。
「今、本当にやりたいことって何だろう?」って思った。
未来のことだけのために今を無視して走り続けてたボクが一瞬、立ち止まって考えた。**その瞬間、やりたいことに対して素直に生きていけたら最高だろうなって思った。**

旅用に買った車に最小限の荷物を乗せて。
無期限で日本を気ままに旅することにした。

二三歳のときから、二ヶ月に一週間、年間六回ぐらい海外へ行っていた。
二四歳のときからは、毎月、海外に行っていた。一ヶ月のうち、三週間は日本で働いて、一週間は海外へ行くっていうペースが楽しかった。
そのころのボクはヒップホップダンスに魅了されてた。毎月の一週間の海外滞在も積極的にダンスのレッスンに当てていた。

今回の「無期限、日本を気ままにの旅」は、いままでのものとは少し違った。
初めていただいた神様からの夏休みだった。

九月一日に、三重の実家を出発し、風の吹くまま車を走らせる。
「気をつけてね！　手紙をちょうだいね」と母。
「携帯電話あるんでぇ！　いつでも電話してね」とボク。
「ははっ！」と大笑いから、その旅は始まった。

初めは鳥羽の港からフェリーで伊良湖に渡った。
習いはじめたばかりのサーフィンをやってみたりした。
もう少し車を走らせ数日間、静岡の海を中心に旅を進めた。

毎夕、少し寒いって感じる。
夏の最後の大暴れの隙間で秋は確実に領域を拡大していた。

「ん？　夏のシッポって摑めるかな？」

テーマは、「夏のシッポを摑まえる！」になり、次の日から南下が始まる。
名古屋、大阪、岡山、高松と足を延ばし、福岡、宮崎と進んでいった。
各地、各地の美味しいものを食べ、その地方の仲間と酒を飲み、新しい友達ができ、すっごい楽しい毎日だった。
聴く曲に飽きると車を止め、CDを山盛り買いあさり、次々聴いている間に一〇〇キロ、二〇〇キロが後ろにすっ飛んで行った。
「〇〇へ行ったら？」と地名のキーワードが耳に入ると、ニヤリと笑って次の日からその街を目指して走り出した。
ちょうど、『聖なる予言』みたいに、「人間すごろく」状態だった。
要は、出てきたコトバで、次の行き先を決める。
なぜか自由爆裂でヒゲなど伸ばしたりしてみた。

「タク君、宮崎行ったら、いいやん」

「何でですか」
「いやあ、面白いところだよ」
「はい、解りました。じゃあ、行きます」
それで、宮崎。宮崎で、地元のサーファーに言われた。
サーフィンしながら、地元のサーファーに言われた。
「種子島、行ったらいいよー!」
「種子島? 出た! はい、解りました。種子島」
「屋久島もあるよ」
「はい、解りました。屋久島も……」

地名のコトバが出てきたら、その地名の場所へ行くっていう旅。だから、出てこなかったら、ずっと、何週間もいる。出てきたら次に行く、出てきたら次に行くっていう旅。「明日、どこ行こうかなぁ」「今日どこ泊まろかなぁ」っていう、着の身着のままの旅。一泊一〇万円ぐらいの高級ホテルから、一泊三五〇〇円二食付の釣り人宿まで泊まった。

二ヶ月近くそうやって旅していると、伸びきったゴムみたいになってしまった。
毎日面白いことばかりしていると面白くなくなってくることにショックを感じた。
「あぁ。遊んでるだけじゃ退屈だぁ。やっぱりワクワクには緊張感が必要だぁ」と目の前の海に白状した。
南の島も夕方になると秋が忍びこんだ。
遂に種子島で夏はボクにシッポを掴まれる。
ボクは旅の終わりを宣言した。

「熱帯魚を遠くまで運ぶには……」という話がある。
飛行機で運ぶときに、水槽の温度を調整して運んでも、目的地に到達する前に、熱帯魚の大半が死んでしまう。
「酸素かな」と、ブクブクブクブク酸素ボンベを使っても、やっぱり、大半が死んでしまう。
「エサかな」と、エサを厳選しても、やっぱり、死んでしまう。
しかし、あるとき、ある運搬方法を試したところ、大半の熱帯魚は死ななかったと

いう話だ。

さて、どうしたのか？

答えは……。

一匹だけ、この熱帯魚にとっての天敵を水槽に入れること。

熱帯魚が必死に逃げまどっている間に、目的地に到着するというのだ。

そんなことを二五歳のときにボクは知った。

ある程度のストレスは、幸せに関係しているかもしれない。

贅沢なお話だ。

その旅が贅沢だというのではない。

旅は、それまで頑張ったことに対する神様からのご褒美だ。

では、何が贅沢？

遊びだけの人生はとっても退屈で、仕事だけの人生も退屈。
それを二五歳の若さで知れたことが贅沢だ。

それはその時期、体験による大きな学びであった。
仕事と遊びのバランスが幸せの源になっていることを学んだ。
どちらに片寄っても不健康な心の状態になってしまう。

やるべきことの合間にやりたいことを挟み込む。
成功してきたら、やりたいことの合間にやるべきことを挟み込む。
要はそのバランスなんだってことを二五歳の年齢で知ってしまった。
あの旅っていうのは、今、考えても凄い価値のある旅だったなぁ。

夢・実現のヒント

⑬
「今、何がしたい？」「今、どう感じている？」
「今、どう思った？」自分自身と対話してみよう。

第14の法則

思考のテーマを変える

金持ちになりたい。
有名になりたい。
出世したい。

人の欲はつきないものだ。
それらはその人の持つ恥と反対方向にある心の安堵(あんど)の価値観なのだろう。

我が母はボクに「いい男になれ」と要求した。
この「いい男」が持つ意味に、持つ響きに、ボクは目を醒(さ)まされた。

Episode 14

使命は何か

ビジネスをスタートして二年が経ち、ある程度自信を持ちはじめた。がむしゃらで頑張っていた自分にもいくらか心の余裕が出、少し周囲の風景も楽しめるようになりだしたころ、母はボクにこう言った。

「いやー、あんた見てると細い男やわ！」
「細いって太らないの！ 食べたって！」
(当時のボクは食べても本当に太らなかったのだ。笑)

「そういう意味じゃないの。男として魅力がないってこと！」
「細身はダメ？」
「違う。あんたが男としての魅力がないってこと！」
「はっ？ 何それ？」

突拍子もなく母の説教が始まった。

しかし、こんなときの母のコトバは案外、当たっている。

「**太い男にならないと、お母ちゃんが女として見てても、カッコええなあとは思えんよ**」

「あっ、そう……太い男って何なん？……」

「現金やなあ。現金を持っとらなあかんなあ」

「現金っ？」

「何かあったときに、『ああ、そうか、それはしゃあないなあ』言うて、ポンと出せるような男にならなあかんなあ。アンタ、見てると、ようさん稼いで、端から端から全部使っていって。何か、太さを感じんなぁ」

グサッと来た。

母の言いたいことが心に染みた。

返すコトバは、ない。

母流の言い方の「カッコええ男になれ」ってことだった。

母の「太い男になれ、ええ男になれ」ってコトバは、常に、ボクに、「ええ男」って何ぞや、「太い男」って何ぞやっていうことを考えさせ続けてくれたし、いまも考えさせられている。

この現実、とっても、有り難い。

母には歳の離れた兄がいた。

その兄は母の生まれた地域の若者を仕切っていた男らしい。

いつも着流しで、青白く、いい男で、大変沢山の男衆に慕われたらしい。

徴兵の命令が兄に下った。

そのとき、初めて洋服に腕を通した兄を見たと母が言っていた。

「後は頼むぞ！」と若い者たちに言い渡し、兄のコトバを聞き受けた若者たちによって、母の家族の生活は守られ続けたらしい。

兄はその兄の姿をボクに求めているのか？

それがどうであれ、その母が言う「ええ男」を超えてやろうじゃないか。

自分の母が惚れるような男になったろうじゃないかって思った。

いい環境をいただいているなってつくづく思う。人間は環境の動物だから、ほとほと有り難い。親から「もっと勉強しなさい！」とか言われるんだったらヘソを曲げそうだが、「いい男になれ！　太い男になれ！」と言われ続ける環境は相当素晴らしいのではないだろうか。

夢・実現のヒント

⑭　「どう生きるか？」を思い考えることで、判断も選択も変わってくる。

第15の法則

身近な人の存在に感謝する

自分のベストを続けていくと、どこかでガツンと頭を打つ。
そんなとき、もう限界なのかと思う。
しかし、諦めきれない。
前に進みたい。
考える、試してみる、もがいてみる……。
そうやって目指しているときのみ人格に影響を与えてくれる人や出来事と出会う。
出会ったことで何かが自分に足される。
自分に加わった何かは自分の中で化学変化を起こし、新しい自分に組み替えてくれる。
出会いは魔法だ。
凄い奴と出会え！
刺激を与えてくれるその人を研究し、真似し、同化し、消化し、必要じゃないものだけ、自分の外に取り出せばいい。

人は一人でも生きられるか

中学時代の陸上部のライバルD君。

D君は我が中学校、陸上部のキャプテンでエースだった。ルックス、学力、学校での存在感……圧倒的にヒーロー的だった。いつもズボンはアイロンがきっちりかかっていて、清潔感バリバリの素敵少年だった。

ボクは何かと彼と比べられ、まわりのちょっとした注目を二人は浴びていた。

三年生の春、彼は見事標準記録を早々に突破し、100Mで全国大会への出場権を獲得(かくとく)。当然と言えば当然だったけど、ちょっとボクは嫉妬した。

「D君、おめでとう！」と口では言うが、悔しかった。彼は輝いていた。その輝きが「あれ？ タクは突破できなかったの？」と笑っているように見えた。

「タク！ 惜(お)しかったね！」とまわりに声をかけられるのがつらかった。

ボクは焦(あせ)ってた。ボクもD君と肩を並べたかった。

そんな日、ボクはM君と出会う。

ボクの住む地域より、完璧に都会派中学校。

かなり背は高い、一八〇センチは優に超えている。

顔が小さい。ルックスもいい。垢抜けた空気を纏っている。

頭も良さそうなM君だ。

楽勝で標準記録を破り、他者をぶっちぎりの優勝だった。

試合が終わり、ユニフォームをジャージに着替えているとき……。

「凄いね!」とボク。

「ん!? あぁ。ありがとう!」

彼は話しかけられてビックリしている。

「標準記録、突破だね!」

おめでとうの笑顔、てんこ盛り。

「まーねっ」と自信満々で輝いている。

「でも、速いよね!」とボク。
「去年は中三に一人混じって全国三位だったんだ!」
「ギョッ!? そ、そうなの? 凄すぎる」

**そんな人、いるんだ。
そんな人と友達になりたい。**

ボクの好奇心は大全開。
「電話番号とか聞いてもいいかな?」って気がついたら言っていた。

数週間後、ボクは電話をした。
「あー! タクミ?」
「覚えている? ボク……」
「だよー! だよー! 元気?」
タクミ? って呼ばれちゃって嬉しい! と思った。
「あぁ、元気だよ! 遊びにおいでよ!」
「ひぇ? いいの? 行く! 行く!」ってことで彼の住む街へ向かった。

「伊勢神宮へ行く？　五十鈴川へ行く？　商店街も面白いよ！」って彼は伊勢の街を案内してくれた。

なんかそんな凄い友達ができてボクは鼻が膨らんだ。

「俺、河合奈保子が好きなんだー」ってM君が言った。

その日からボクも河合奈保子のファンになった。

それぐらいボクは小躍り気分だった。

ザクッザクッと足元のBGMを聞きながら。

会話が止まらないように、会話が盛り上がるように気をつけながら。

伊勢神宮の玉砂利の上を話をしながら歩いた。

「今年は日本一になるんじゃない？」

「そうだね。中学新記録を目指しているんだ」

「ギョッ！」

凄い。やっぱ凄い。そうだよな。そりゃ、そうだ。ボクは心の中でブツブツ……。ドンドン魅了される。ドンドン。

「オリンピックとか行っちゃったりして～♪」
「目指しているのはソウルオリンピックなんだ」
「ゲッ!」

冗談でオリンピックを口にしている自分が恥ずかしくなった。彼にとってオリンピックは目標であり、計画の中に組み込まれているのだ。ボクは恥ずかしさが極まり、あたふたと次の場面に会話を進めたかった。

「あはは。将来は110Mハードルの日本記録保持者だね!」
「うーん。110Mハードルじゃないかもしれないんだ。200、400Mと距離を伸ばして、高校ではジャンプ力を強化するために三段跳びもやってみて、将来的には800Mでオリンピックに行くかもしれないなー。今は一〇代だからそんなに肉体負担をかけないほうがいいから110Mハードルを選んでるんだ」

アグッ。もう脳が痺れて炸裂だ。
なんか見えているビジョンが違う。
いろんなことが一気に解りかけて、思考の海で溺れそうだ。

「目の前の得意が人生の得意じゃないんだ」
「そう考えるのか？　積み上げていくんだな」
「じゃ、ボクはどうしたらいいんだ？」
「もっと沢山いろいろを知っている彼が今を選択しているんだね。ボクは行き当たりばったりだ」
「人生もそうやって考えているのかな?」
……一気に沢山、目指し方やその考え方が降りてきて受け取れない。これは事件だった。興奮した。真似したいって素直に思った。

中学生という少年だったボクはガツンと頭を叩かれた気分だった。目が醒めた気がした。

今っていう時間を積み上げて、未来を創っていく同じ歳のM君と出会ってしまった。

一日、一日……。一時間、一時間が未来につながっている。

急に毎日が大切に思えはじめた。

人生は人との出会いだ。
人生は考え方との出会いだ。
沢山の人に会えばいいわけではない。
希有(けう)で特異な考え方の持ち主と出会うべきだ。
何度かその種の人間に出会えば、匂いで解るようになる。

そんな人間と出会えるのは目指しているときである。
目指しているから人生観に影響を与えてくれる人と出会い、そんな考え方と出会う。
探すのではなく、周波数を合わす感じ。
目指すというのは素晴らしい。

その後、ボクの110Mハードルの記録はビックリするほど伸びていく。
辛(かろ)うじて三重県でM君のすぐ後ろを走ることができた。
それがM君への恩返しだ。
東海大会、全国大会と経験し、たまらないほどの刺激を受けた。

時は流れて一九歳の冬、不思議な不安がボクを襲った。
「ボクはまわりから好かれてないんじゃないか？　嫌われているんじゃないか？」っていう重い曇った気分がのしかかってきた。

何かしててもそのことが胸に浮上しはじめると、まわりが灰色の世界に飲み込まれる。虚無な空気が忍びこんで、華やいだものは瞬時に朽ちていった。いろんな友達の目の玉の動きが気になり、落ち込んだ。

「何が自分のいけないところなんだろうか？」
「あんなことを言うからダメなのかな？」
「どうしてあの人は人気があるんだろう？　信頼があるんだろう？」

一緒にジョギングしているO君にボクはこう切り出した。
「ボクって嫌な奴じゃない？」
「急にどうしたの？」

「いや、率直に言ってみて！」
「いやー！　いい奴だよー！」
「本当のこと言ってよっ！」
「だから、嫌な奴だったら一緒にこうやっていないだろ！」と叱られた。

ホッとした。
そうだよな。**いまボクが直面している現実こそが、ボクの過去が作り出した、それ以上でもそれ以下でもないボクの答え。**
現実を疑うより、より良くなるにはどうしたらいいかを考えた方がいいんだよなって思った。
あのころのボクの心はまだまだ幼く、自分自身をコントロールするのに手一杯だった。それが故に繊細に事象を捉え、よく悩んでいた。これが思春期なのかなって思った。
でも、このとき至った答えは心を安心させ、次へ向かわせる能動的なエネルギーを持っていた。

何度、友に救われてきたんだろう。
ボクたちは生きているだけではなく、生かされている存在だ。
それと同じく、前に進むだけではなく、進まされている存在だ。
自分のアングルからだと、この道は完璧に塞がれている。
前に進む自信も、能力も無くなってしまったように見える。
そんなとき、友の助言、助けによって何度自信を復活させ、前に進めたんだろう。

二二歳のときには、素敵なお姉様と知り合った。
彼女はヨーロッパ製の下着を取り扱う高級店を経営されていた。
「よかったらお店に遊びに来る？」とお誘いを受け、行った。
お店に入ったとたん、目のやり場に困る。何だかフリフリした素材のいい下着、とってもデザインのいい下着がボクを包囲している。
意識していないフリをしていると、妙に意識してしまう。
お姉様は、当時のボクには照れくさい見事なカップで紅茶を出してくださった。
そして、上品な趣でいろいろ人生についてアドバイスをくださる。

「タクミ君を見ていると楽しみよぉ。頑張りなさいね。絶対成功するわぁ」

そのころのボクはビジネスを少しずつ大きくさせ、会社登記したばかりだった。

「いろんな成功者を見てきたから感じるんだけど、**組織を作る力が大切ね。組織を作り、機能させていく。でもね、壊れるときは外からじゃなく、内からよ。**覚えておきなさいね」

「どういうことですか？」

解るような気がするが、解らない。暗号めいて聞こえた。何かとっても大切なメッセージを受け取っている気持ちがする。

「強いカリスマ性があって、組織はできていくの。その組織が外からの圧力、外圧によって壊れることってなかなかないのね。でも、その外圧によってその組織の長がちょっとグラッと揺れた瞬間に、中から崩れるときがあるの。外圧によって少し狂った統率力の隙間にクーデターが起きるのを何度も見てきたわ」

しかし、彼女はなぜボクにそれを……?

「案外、人は身内や身近な人は解ってくださっているから大丈夫と遠縁の人を丁寧にケアしがち。でも、遠くの人が翻っても遠いから大丈夫。でも、近くの人が翻ったら致命的なの。」

なるほどと思った。でも、なるほどって思うほど解ったわけじゃなく、きっとこの人の言っていることを解るシーンが人生に起きるんだろうなって予感した。

「だからこそ、お母さんとかお父さんとかに、『おはようございます』や『おやすみなさい』って言うことができるリーダーじゃないとダメなのよ」

戦国時代の何か秘密が明かされている気分になった。

近い人に対する甘えが照れくささを呼ぶ。

ともかく、気がついたことからやってみることにした。

それから数年が経ち……ボクは家を建てることになった。二五歳になる春のことだった。

家を建てるってことはこれまでの人生を一度清算することになるという意味の清算。プラス三やマイナス二をプラマイ〇にするってことなんだろう。いただき過ぎている人は返す、いただいてない人はそれをいただくことになるっていうことがある。

昭和一桁生まれの母は設計図を持って風水師を訪ねる。

「うちの息子が家を建てるんですけど、こういう設計図ですけど、いかがでしょうか？」

「ああ、ちょっとこの家、水の場所がよくないですね」

「ああ、そうですか」

「トイレの位置を変えなさい。だけど、息子さんは来年の五月に大変素晴らしい転機を迎えられますよ」

風水師はそういった。

もう一軒、心配性の母は次の風水師を訪ねる。
「ちょっと、水の位置が気になりますね。これ、一〇センチでも、二〇センチでも、いいんで、ずらしてみてください」
「解りました」
「しかしながら、あなたの息子さんは来年の五月、素晴らしい転機を迎えますよ」
母は帰ってくると、嬉しそうな口調で、ボクにこう言った。
「タク、あんた、来年の五月に素晴らしい転機を迎えるらしいわ」と、ニヤッと笑った。
二ヶ所で全く同じことを言われ、「来春五月人生好転機説」は完璧な確信を帯びていた。
その五月を、ボクは楽しみに待っていた。
そのころ、ボクは、仕事面ではいくつかの壁を迎えていた。
初めは無頓着にせっせせっせと仕事を進めていたけど、凄い勢いで致命的な問題へと進化していった。

「ええっ！ マジで？」
いつしか、ボクのまわりでは、いろんなことがバタバタバタバタ起き出した。とにもかくにも全てが消えるかもと思われる程のことが起きた。精も根も果てた。
羽ももぎ取られた。
それがなんと、二五歳のその五月だった。
もっと頑張らなければ、もっと頑張ることが未来につながるんだ。全ての「今」を否定して、「未来」のために全てを注ぐというかたちで、ボクは頑張っていた。
その、羽をもぎ取られたとき、「ええっ、何なのそれ⁉」っていう気持ちと、どっかで、「やっと休める。ホッ！」っていう二つの気持ちが、ボクの中で交差していた。
もぎ取られた羽は痛いけど、残った母体もある。
この母体を守り、育てよう。
じっくり時間をかけて。
そう思えたのは、あの高級下着屋さんのお姉様のコトバを思い出したからだ。

「いい？　組織が壊れるのは外からの力ではなくって、内からよ」

とにかく、今、自分の本当にまわりにいる仲間たちともう一度心をつなぎ直そう。

ボクは、そう誓った。

やっぱり、人生って、ゲームみたいなところがある。

生きるヒントをもらって、手元に残しておくと、ゲームの中盤でそのヒントが凄い効果的に働いたりする。

結果的に、内から崩れるということは起こらなかった。

「もしかしてギリギリだったんじゃないかな」って捉えている。

今も近くにいてくれる仲間に感謝してやまない。

うまくいっているときはいい気になってしまう。

いい気になって、大切な人に甘えてしまう。

もしかして、もう少し、関係が悪かったら、クーデターが起きたりして、中から火

が出たら大変だったろう。そうしたら、やっぱり、組織は確実に壊れていく。

元々、自分のことをよく思ってない人って世の中に当然いる。

そして、自分のことをそういう仲間たちのために使っていく。

時間と心をそういう仲間たちのために思ってくれる仲間もいる。

そして、「今」とか「自分」を無視する生き方はやめようと思った。

自分の人生にとって何が大切なのか？
かけがえのない幸せのための要素は何なのか？
ボクたちは幸せになるための努力を怠ってはいないのか？

それまでの見栄や変なプライドでもがいてはいけない。
真なる道を見失ってしまうから。

今は我慢だと二〇歳の終わりから二五歳までの約四年……、ダーッと走った。

あの四年間の中では見つけられなかった、もう一つの大切なことに出会えたんじゃないかなと思った。

いま振り返るとそこからの数年間が、いまの基盤を作ってくれた。沢山の努力をし、勢いもつき、結果を出し……、そして、ガツンと頭を打つ。

ガツンと頭を打ったとき、改めて大切なことが何なのか考える。

そして、それを見つける。

そんなとき、人生の道は開ける。

夢・実現のヒント———

⑮ 幾重にもやってくるメッセージを聞き入れていけば、人として実りの多い収穫を得る。

第16の法則

努力の質を変える

凄いと思われたい。
まわりに高く評価されたい。
有名になりたい。

これがボクたちの向上していくエネルギーになりうることもよく解る。
が、これらには限界がある。
これらを求める心のコップが満たされると、すぐさま溢れ出し、カラフルだった風景から色を奪う。
凄いと思われる人間になる努力より、凄い人間になる努力を選ぶ。
まわりの人間にどう思われるかより、自分はどう在りたいかを考える。
有名になるより、自分らしさの探求を。一見、同じような努力に感じても、努力の方向性が違うだけで、質の違う結果に結びついていく。
この違いに気づくとき、道は開ける。

Episode 16

人生の美学を貫けるか

ビジネスを始めたばかりのころ、ボクは、寝る間も惜しみ、食べる間も惜しみ、遊ぶ間も惜しみ、ワクワクしながら、仕事に突っ走った。

まさしく飛ぶ鳥を落とす勢いで頑張った。

まわりの反響は様々だ。

「頑張るのはもっと大人になってからでいいんじゃない？」

「……常に人生の分岐点は足元の今にあるんだ！」と心の中で呟いた。

「今しかできないことってあるんだよ」

「……「苦しみの先送りは嫌だ！ ボクはもうすでに人生を始めたい！」と自分を励ました。

「お金に目がくらんだの？」
……「人が情熱を注ぐ姿を自分の物差しでしか測れない人がいるのかもしれない」と自分を諭した。

「最近、忙しそうだね。つき合い悪いよ」
……「失礼だが、彼らを普通の人たちと呼ばせていただこう」とボクの確信は揺るがなかった。

どんな雑音が耳に飛び込んでこようとも、それらは雑音の範囲内だった。心躍るこの衝撃的な直感を現実のものにしたいと頑張った。

「本当の自由を手に入れるんだ！」と、自分と交わした約束はホンモノだった。毎日がワクワクとハラハラとドキドキの連続だった。

初めは散々な結果だったが、徐々に軌道に乗りはじめた。スッテンテンだったボクの心にも微かな自信が持てはじめ、グングングンと結果が出はじめた。

「ボクって結構、いけるかも……!?」と成功の確信を摑みかけていた。

そんなある日、なぜかボクの心に闇が広がる。

一気にワクワクはしゅ〜っと音を立て、見窄らしく萎んでいった。

やる気が出ないのである。

「おいおい、まじか?」と空中でエンジンが止まってしまった操縦士のような気分だ。

原因は心のどこを探しても見あたらない。病気でいうなら、調子が悪いのに病院に行っても「どこも悪くありません」と追い返される感じ。

決して仕事が不調なのではなく、やってきたこともやるべきこともキラキラしながら目の前に存在しているのである。

「あれ? おかしいぞ……」と心に汗が滲む。

誰の話を聞いても心は躍らない。

「今日はいい話聞いたなぁ……これで好転するかな?」と一安心も束の間……。

心の中に起きた感動も闇にすぐさま養分を吸われてしまい消えていく。
心が素になって、真顔のままピクともしない。
気分は伸びきったゴムのようにデレンと横たわっている。
ワクワクがエネルギー源だとわかっていながら、ワクワクの起動装置が壊れてしまったみたいだ。

しかも、まわりからは求められる。
「山﨑君、調子良さそうだね～?」
「はい! やるしかないっすよね～♪ いや～、絶好調っす!」
気づかれないように「かなしい笑顔」を振りまき、帰ってくると妙な疲れがボクを苦しめる。

それまでの元気の「特効薬」も「特効人」も効力が蒸発してしまったみたいだ。

それまでは何を聞いてもボクの心は反応し、高揚し、「よーし、やってみるぞ!」と行動に変わっていった。

頑張っていい結果が出ても、なんかイマイチ心が喜んでいない自分に驚いた。

「このままじゃ、ボク……ダメになっちゃう」

思いあまって実家へ帰った。

当時、住んでいた広島県から三重県まで。

高校時代、陸上競技を教えていただいた恩師、T先生に会いに。

この状況を早く打破しなければ、大切なものが崩壊するような気がした。

頑張る心を磨いてくれた人に会うべきだと心は力なく叫んでいた。

高校二年の冬から大学に入学するまでボクは彼の指導を仰ぐ。

ボクを一気に飛躍させてくれた先生だ。

「先生に会いたい！」

グラウンドに立つと懐かしい先生の声が聞こえる。

先生はボクを見つけると少し驚き、そのあと大人になったと喜んでくれた。

いま、「楽しい毎日です！」って言ってしまえば何て楽なんだろう。

でも、今回は違った。ボクの心はギリギリを予感し、答えを求めていた。
赤裸々に語るべきだって感じだった……。
だから状況をそのまま説明した。
素直と言うより開けっぴろげの垂れ流しだった。
「なぜかやる気になれないんです……」
ニコッと笑って、先生は……。
「おまえ、褒められてるなっ?」
ドキッとした。
その当時のボクはまわりの人たちから非常に高く評価され、少しずつボクの名前を知っている人たちが業界内に増えはじめていたころだった。
先生は責める口調ではなく、ナレーションのように言葉を続けた。
「凄いと思われたいというお前の器は満たされたんやなぁ。凄い奴になるための器に変えなあかんなぁ」
とっても恥ずかしかった。見透かされている。先生は心の恥部を見透かしている。

「おまえにとっての陸上競技は何やったんや？　走るとは何やったんや？」

先生は優しくボクに問いかけた。

禅問答のようなものである。

ボクは答えを片っ端から探したが、冬なのにこめかみに汗が出た程度で着陸状態でぞと感じる気持ちが交差した。

しかし、翼の折れたことを隠す必要はなくなった。

今はただただ、新しい翼がほしい。

先生は答えをくれた。

「走るとは芸術やろ？　美学の追究やろ？　おまえにとってその仕事が仕事やったら**終わりがあるなぁ。おまえにとってその仕事が芸術になるなら、その仕事の美学を追究してみなさい。終わりはないよ**」

その瞬間、目の前の壁は崩れ、道は開けた。

夢・実現のヒント ―

⑯ 人生はアート作品だ。この世を去る最後の一日まで、魂を磨き上げ、最後のひとノミまでこだわろう。

それから、仕事はただのお金を手に入れる手段というだけではなくなった。

一つひとつの仕事の精度にこだわりはじめた。

今日、いい結果というだけではなく、確実に未来につながるようにこだわった。

ただ目標を達成するだけではなく、その達成の質や完成度にこだわりはじめた。

ただ沢山仕事をするのではなく、意図のある仕事、美しい仕事をするようになった気がする。

広島への帰り道……。

新幹線の中で窓に映り込んだ自分の顔を見て、少し嬉しかった。

ボクは仕事人から芸術家に変わりはじめていた。

第17の法則

人生という映画の主役を生きる

「やるしかない!」という気持ちは時間の中で劣化し、ややもすると「やらねばならぬ」に変化してしまう。

「やらねばならぬ」は「やらないことはいけません」という意味で、二重否定だ。それには屈折したエネルギーを感じる。「そうなりたい!」というストレートで屈託のないエネルギーに変えたとき、心はワクワクとしはじめる。

この二つは凄く似ているけど、全く違うエネルギーだ。

否定の否定、二重否定のエネルギーは道を狭め、閉じさせてしまうこともある。ストレートで屈託のないエネルギーこそ、夢を叶えるそれである。

動機がなんであれ、頑張っていく過程においてエネルギーをワクワクのモードに変えていくことが大切だ。また、頑張っていく過程において「やらねばならぬ」になっていないか何度もチェックする必要がある。

「やらねばならぬ」に変質してしまっていたら、「達成したら何が喜び?」と問いかけ、自分の心を蘇生(そせい)させ、屈託のない素直でいきいきとしたエネルギーで目指すことが、夢を叶えるコツである。

Episode 17 さらなる自分に挑戦できるか

絵を意識的に描きはじめたのは二〇代の半ば過ぎぐらいから。

主に海外へ行ったときの絵日記的作品だった。

捨ててしまうのはもったいないからと、スケッチブックに描きはじめた。

ハワイに行くときも、ヨーロッパに行くときも。

誰かに見せるために描くわけでもなく、ただただ描いていた。

当時はクレヨンを好んで使っていた。

ただ単に、持ち運びが便利だからだ。

ラスベガスに行ったときだった。

たまたまボクのガイドをやってくれたFさんとの出会いが、その「出会い」となる。

「では、どこに行きましょうか?」とFさんが尋ねてくる。

「いやあ、ボク、ギャンブルしないですから、大丈夫です」

「じゃあ、アトラクションで絶叫マシン系がありますよ」
「うー、それも遠慮しておきます」
ボクは、「何で怖いのにお金払わなければいけないんだ」派だ。それとマシンを心底、信じられない。
でも、ボクは部屋に籠って絵を描いたり、本を読んだりで充分楽しかった。
Fさんは、ずっと、ガイドさんのオフィスに居なくてはいけない。
自分だけ何もせず、ずっと居るので肩身が狭いと言う。
「タクさん、どっか行きましょうよ。何も仕事してないように思われるから、行きましょう」
「ボク、いいです。部屋にいます」
「何やっているんですか、一体、部屋で」
「ボク、本読んだり、絵を描いたりしてるから、ぜんぜん大丈夫ですよ、楽しんでますから。夜だけ、エンターテインメントやショーに連れていってください」

そのときだった……。

「タクさん、絵、描くんですか？　だったら、今日の夜、イタリアンレストランのディナーの予定ですけど、持ってきてくださいよ。わたし、見たいです」

Fさんが興味津々の眼で言った。

「そうですか、人に見せたことないんですけど」とボクは、消極的だったが、レストランに一応、スケッチブックを持っていった。

「いいですね。あっ、タクさん、ロサンゼルスで個展されない？」

「えっ、こ、個展？」ボクは、いきなりの提案に戸惑った。

「はい、いいんじゃないですか。やりましょうよ」

まるで、カラオケで歌ってたら、「あら、上手じゃない！　歌手になればっ！」「歌手？」みたいなぐらいの話だった。

だけど、「絵の個展を海外で」はボクの心を打った。

ボクのやる気モードにスイッチが入ってしまった。

絵描き……心は躍る。だけど、一応謙遜のコトバを。
「できますかね？　こんなボクの絵で個展とかできますかね？」
今度は、ボクが興味津々でFさんに聞いた。
「いや、**個展をやると決めたら、絵が変わりますよ**」
このコトバはボクの心がズキンッと音を立てた。
Fさんはボクの人生という流れを変える詩人となった。
「え？　やると決めたら絵が変わる？　ボクの中に既に存在していて、ボクがやるって決めなかったら一生出てこないはずの絵が姿を見せてくれるってことですか？」
ボクの頭の中では、妄想が進んでいく。
「はい！　個展をやると決めると絵は変わります。やりましょう！　ロスで！」
「いや、やるならニューヨークでやります。ソーホーでやります」
その場の勢いと興奮で、ソーホーでやることになった。

日本へ帰って、クレヨンで描いた絵を額に入れてみようと思った。

「額ってどこで買うの？」が一番はじめの疑問だった。

詳しそうな友達に聞き、額を手に入れる。

絵を額に入れてみて、愕然とした。

「こ、これじゃダメだ」

「いいか悪いかの前に、ボクが部屋に飾りたくない」

そんな代物だった。

でも、グズグズしている場合ではない。ワクワクした心はしおれたボクの体を奮い立たせ、「クレヨンのせいかな？　絵の具のほうがいいのかな？」とえらく前向きだ。

再び、画材屋さんに行った。

「すいませーん。絵の具、売ってください」

「どういう絵の具がご入用ですか？」

「どんな絵の具があるんですか？」

「いやあ、油もありますし、アクリルもあるし、水彩もあるし……」

そんなことも知らないところからの「目指せ！　ニューヨーク！」だった。

「そのアクリルってカッコいいですね、見せてください」って眺めてみると、なんかピンと来た。
「これ、全部ください」って、その場で買った。
「ついでに、この筆もください」
「それ、油絵用です」みたいな相変わらずのレベル。
「いいか、絶対、ニューヨークで絵の個展やるって画材屋さんに言うなよ」と、マネージャーに口止めした。画材屋のオヤジさんが気絶しないように。
 それから、紙も買って、準備万端。
 さあ、そこからが、描けない。
 全く、手が付かない。
 怖くて。
「ああ、個展やるとか言っちゃったけど、描けない……」
 絵の具なんて中学三年以来、触ったことがなかった。

十数年ぶりだ。

「絵の具って、どうやって使うんだっけ？」

そもそも、その絵の具が部屋にあることだけで充分プレッシャーだった。

なぜか気楽に描いていた絵は恐怖と変わった。

ある朝、目がパキッと覚めた。

「悩んでいる場合じゃない」と意識も醒めた。

とにかく描いてみた。

そして、描いた作品を眺めて気分が冷めた。

勇気を持って友達に見せる。

「いいんじゃない？　いいと思うよ！」というコトバをいただくが……。

ダメだってことをボクの心は知っていた。

迷いの渦に吸い込まれる……。

「絵って一体何なの？」
「個展を開くって一体何なの？」
ニューヨークに行ってこようと決めた。いろいろなギャラリーを一気に巡って、何かを摑みたかった。

描くことだけに迷っているのではない。
やりはじめると解らないことが沢山あるってことが解った。
額ってどこで作る？
マットってなに!?
どうやって飾るの？
誰が飾るの？
入り口にある作者の名前のシールって自分で作るの？
プロフィールのボードは？
絵には名前を決めたほうがいいの？
解らないことだらけの山に埋もれた。

友達からそんな情報を仕入れた。

「そういうのは、キュレーターが本来やるんだけどね」

「僕もよく解らないんだけど、そういうことは、キュレーターがやるらしいよ」

「なるほど……」

「何？　それ」

それで、ボクは、親友のNさんに声を掛けた。

「ねえ、Nさん！　キュレーターやってくれない？」

「何なん、それ？」

「いやあ、あの……どうやって飾るかとか、額とか選んだりする仕事なんだけど、キュレーターって呼ぶらしいんだよね」

「俺にできるんだったら、やるけどさあ」

ーターという役を引き受けてくれた。

「これ、キュレーターの仕事じゃない？」っとNさんは、結局、得体の知れないキュレ

それから、生まれてくる仕事は全部、「これ、キュレーターの仕事じゃない？」っ てどんどん振っていった。「マジかよ」とNさんは言いながらも、それらの仕事を片 付けていってくれた。

持つべきものは最良の友だ！

ギャラリー探しも、とにかく、大変だった。
「こういう絵を描いてるんですけど、ギャラリー貸していただけませんか」
絵を持って、ギャラリーを回った。
「ああ、うちは、もうアーティストが決まっているから！」と冷たい。
「他に行きなっ！」
「それだったら、ブルックリンに行けばいいんじゃないの、君なんか」
それでブルックリンに行くと、ブルックリンのギャラリーは、その曜日は全部閉まっていたりした。
「すいません、お休みなのは解りますけど、見てください」
「ああ、ダメダメもう決まってるからね」
重い足取りで、トボトボ歩いてるボクがいた。どっかで舞い上がって、「ニューヨークで個展、素敵！」と言ったばっかりに、こんな目に遭ってしまった。
「タク、凄いじゃん、絵、描いてたっけ」と、人に言われ、ニューヨークで個展をやるんだって言ってしまった手前、引くに引けない。
「やばい、絵も描けてないし、ギャラリーも決まっていない。絵を持っていっても、

「ぜんぜん相手にされないし、ボク、凄い狼少年じゃん」

映画みたいに交差点で石の上に腰掛けて落ち込んでいる人になった。

この物語の名場面でもある。

「こんなときは……こんなときは……もうそれがうまくいった自分の気持ちを先取りして……例の魔法通りに……」と気持ちを奮い立たせて、諦めずにギャラリーを回った。

だんだん、ソーホーでも顔見知りが増えてきた。

そんなボクのことが小さな噂になりはじめたころ、ギャラリーが決まった。

半分、見るに見かねてやらせてくれることになった。

ソーホーのベストポジションにあるビルの四階のギャラリーに決まる。

「ああ、ここでやるのか」

決まった瞬間、期待と、もう逃げられないっていうプレッシャーが同時にやってきた。

決まった瞬間からドンドン作品を生み出していった。

Nさんはギャラリーを採寸し、模型を作って、できあがってきた絵の縮小コピーを作って、それを模型に飾って、試行錯誤をしてくださった。

そんなある日、『PEN』っていう雑誌がニューヨーク特集をやっていた。

その雑誌を見たとき、インスピレーションが湧いた。

同時にショックを受けた。

「このテンションの違う扉が開いて、心の中の街に飾る絵は今のものじゃダメだ」と思った。

迷って、一歩前に進み、収穫を得、そして、ゴールまでの距離を測り、愕然とする。

ガーッと絵が出はじめたのだ。笑顔になる。

夜中に脂汗をかいて起き、眠れなくなったりした。ストレスで帯状疱疹にもなった。

全て投げ出して、全部なかったことにしたい程だった。

「ダメだ、もう怖い」

追いつめられた。
こんな悩みが続いたら、ダメになってしまう人が世にいることをリアルに感じた。

あるとき、夜中に起きた。眠れないのだ。
また、例の変な汗が出はじめる。
「まず心にある悩みを全部書き出してみよう」と思った。
即座に起きて、机に向かい、悩みを箇条書きにし、紙に書き出した。
悩みが多すぎて何が悩みか解らないという悩みが一番大きく、解決できない悩みだった。

一個一個の「悩み」は紙に書き出した時点で「問題点」へと変わっていく。
それら問題点の隣に解決法を書き込んだ。
この問題はあの人に聞かないと解らない。ので、明後日以降まで忘れる。この問題はNさんにお願いする……見つからない! この問題は明後日になるまで解決法すら見つからない。ので、明後日以降まで忘れる。この問題はNさんにお願いする……等々。全部の問題点の難易度・重要度・解決法・期限を書き出したら、目の前が明るくなった。

「じゃあ、いまできることは何?」
「そうだ、絵を描くことだ!」
　それで、夜中に絵を描いたりした。

　そんなとき、ロサンゼルスに住んでいる建築家の友達が遊びに来てくれることになった。ニューヨークでの個展決定をもっとも喜んでくれた友達のひとりだ。それまでのアトリエの来訪者はボクにとって勇気の源になってくれる人たちだった。
「いいね!」褒めてもらえるとさらにやる気になった。
　しかし、彼は別だった。
　彼の目は鋭い。きっと「迷っているボク」を見破られちゃう。
「あぁ、見られたくない」と素直に思った。
　彼がやって来るとボクは汗をかきながら弁解しはじめる。
「いやぁ、イマイチ、ちょっと描けてないんだよ。もう全然ダメで。アハハぁ!」
　すると彼が……。

「このへん、いいんじゃないですか」
「えっ、マジ、マジ？」
「このへん、いいと思いますよ」
「いや、でも、正味の話、ボク、ノイローゼになるぐらい悩んでいるんだ。うまく描けなくて」

ボクは、すっかり、自分をさらけ出していた。
彼はボクの目を見て言った。

「タクさん、それでいいんです。だって、ずうっと描いていくんでしょ。一生描いていくんでしょ。いいじゃないですか、この絵は一九九八年、タクが悩み、苦しんでいた時代の絵って呼ばれるんですよ」

「あぁ。……続いていくんだ」

「そうですよ、これ、個展のために描いているわけじゃないでしょ。タクさんは、絵が描きたくて描いてる。その過程の中に個展がある。そのときに出そうとして悩んでる。その悩んでたころの作品っていうことで、これらの作品に匂いが与えられるんですよ」

目の前の個展までという短い時間で物事を考え、描いてたボクがいた。そこにいきなり、ドカンと衝撃が走り、捉えている時間の軸が長くなって、壁がブレイクした。

「そうかぁ！」と思ったら、また筆が走り出して、作品がどんどん生まれ出てきた。

山あり、谷ありの道すがら、いつだって「ごめんなさい。やめました！」と言える物理的な逃げ道だけは持っておこうって途中から思うようになった。

建築家の彼がくれたメッセージが、ある意味の心の逃げ道になった。

「ボクは一生、描いていくんだから」

最悪はリセットボタンを押すんだぁ。

「すいません、やめます。ギャラリー代金、払います。個展、やめました」

そう思わないと、プレッシャーで潰（つぶ）されると思った。描くことが違うことになっちゃうって思った。

それくらいやばかった。

やるって決めて走りはじめた。
いろいろ詳しく知っていたら、絶対に踏み込まなかったと思う。
ここでは書けない山ほどの沢山の「大変」があった。
でも結局、個展は開かれた。
当たって砕けた。

当たって砕けた。
そしたらソーホーが応えてくれた。

当日、四階まで来ていただくためにフライヤーをNさんの助言の元、撒いた。ボランティアスタッフの皆さんの手を借りてオレンジ色のチラシを撒いた。四階の窓から街を眺めると、ストリートがヒラヒラのオレンジ色に染まった。

ギャラリーに来る人の波は途切れなかった。次々にいろんな人が来てくれた。会期中、ギャラリーに人がいなかった時間は一度もなかった。会場で心が動き、泣き崩れる黒人のオジサンがいたり……。

誰も近寄れないぐらいかっこいいドレッドの男の子が来てくれたり……。
「この絵の意味は何なの？」と尋ねるセレブが来たり……。
「ほしいのにもう売れちゃってるじゃない。同じような絵を描いて下さるかしら？」と別注を下さる白人女性がいたり……。
全ては「個展をやると決めると絵が変わるわよ」のコトバからの始まりだった。

商談、交渉、打ち合わせ……何かと人と接する機会には些かの緊張が伴うものだ。ちょっと神経質になるときに、思い出す友達の一言がある。
彼はアメリカ人の俳優A君。二〇代前半だけど、オフブロードウェイで有名な『ブルーマン』のひとりを演じていたこともあるほどの、才能豊かなニューヨーカー。彼は、友人のために、デパートの人向けの難しい営業も手伝っていた。
そんな彼にボクはこう言った。
「凄いなあ、デパートの人に営業なんか難しいのに、若くて、よくできるね」
「いやあ、僕、俳優だから。そういう役を今、映画の中でもらっていると思ったら、できますよ」

それがボクにはセンセーショナルなショックだった。大きなヒントをもらったという興奮感があった。

そうか、そうなんだ。

何かを力ずくで頑張るんじゃなくて、その役に入ってしまう。

この人生という映画の中でその役をいただいたって感じてその場に挑む。

うまくいくストーリーの中で気持ちよく演じることができたら、凄い。

また違う角度で物事を見てみることができる。

世の中、全ての人が各々の配役を演じて生きているって捉えることもできる。

それも誰かから与えられたわけではなく、自分がその役を選んでいる。

自分が好きかどうかにかかわらず、自分

「大丈夫よ！　おまえだったらできる！」と誰かに声をかけられる。

「ホント？　そう思う？　じゃ、僕、やってみるね！」と答えることもできる。

「えー！　絶対、無理！　だって、今までも無理だったもん！」と答えることもでき

る。みんな自分で選んだ配役だ。

あなたの人生、どんな役で生きていきますか？
是非、あなたがワクワクする役を選んでみてください。
この物語は振り返ると一本のストーリーとなり、前を向くとどこへ続いているか解らない試行錯誤の連続ドラマなのだ。
今、目の前の困難も、その映画をドラマチックに展開するための演出なのだ。
あなたの人生という映画があるならば、道が開いた瞬間、それが名場面ということになっていく。
あなたがあなたの人生という映画の主役になったとき、道は開ける。

夢・実現のヒント

⑰ ワクワクは誰もが持っている才能。
いつでも、どれだけでも引き出すことができる才能。

エピローグ

いかがだったでしょうか？
なにやら照れくさいです。
過去の自分を知られてしまった気持ちで、恥ずかしいです。（笑）

人生で出会い、沢山のヒント、メッセージを与えて下さった皆様、本当にありがとうございます。

「夢は叶うんだ」「ひととしてこれを大切にしなさい」「君ならできる」……これらの言葉、ボクにとっての宝物です。

「私にも同じ体験がある」「僕ならそのときこうしたのに」「なるほど」「そうかな」……あなたの心の中で反射的に湧き上がる感情、それが本当の意味の成功法則かもしれません。

人生で凄いことはアッサリと起きます。
ぜひ、最高の人生を体験して下さい。僕も頑張ります。

山﨑　拓巳

本作品は、小社より二〇〇六年二月に刊行された『山﨑拓巳の道は開ける』を再編集し、改題しました。

山﨑拓巳（やまざき・たくみ）

1965年三重県生まれ。広島大学教育学部中退。現在までに18冊、累計100万部突破のベストセラー作家。『凄いことはアッサリ起きる』一夢・実現プロデューサーとして、リーダーシップ論、コミュニケーション術、仕事術、メンタル／タイムマネジメントほか多彩なテーマで、セミナーを実施。

主な著書に、『気くばりのツボ』『やる気のスイッチ！』『ひとり会議の教科書』『人生のプロジェクト』（サンクチュアリ出版）、『今日から人生が変わる！ 山﨑拓巳のココロの言葉』（アスコム）ほか多数。アメリカ、香港、台湾、韓国、中国ほか、海外でも広く翻訳出版されている。

PCサイト
http://www.taku-g.jp/
携帯サイト
http://sugokoto.com
ブログ
http://www.taku-blog.jp/
ツイッター
http://twitter.com/dana49

だいわ文庫

凄（すご）いことはアッサリ起（お）きる！
夢（ゆめ）を叶（かな）える17の法則（ほうそく）

著者　山﨑拓巳（やまざき・たくみ）

Copyright ©2011 Takumi Yamazaki, Printed in Japan

二〇一一年七月一五日第一刷発行

発行者　佐藤靖
発行所　大和書房
　　　　東京都文京区関口一-三三-四 〒一一二-〇〇一四
　　　　電話 〇三-三二〇三-四五一一
　　　　振替 〇〇一六〇-九-六四二二七

装幀者　鈴木成一デザイン室
本文デザイン　石田嘉弘
カバー印刷　暁印刷
本文印刷　山一印刷
製本　ナショナル製本

乱丁本・落丁本はお取り替えいたします。
http://www.daiwashobo.co.jp

ISBN978-4-479-30344-2

だいわ文庫の好評既刊

＊印は書き下ろし

本田 健
ユダヤ人大富豪の教え
幸せな金持ちになる17の秘訣

「お金の話なのに泣けた！」「この本を読んだ日から人生が変わった！」……アメリカ人の老富豪と日本人青年の出会いと成長の物語。

680円
8-1 G

神田昌典 監修
來夢
あの成功者たちがこっそり使っている！「春夏秋冬理論」で今日から運が開く

「春夏秋冬理論」とは過去から未来への人生の流れを見通して運勢を切り開く思考法であり、自らの成長を加速させるツールでもある。

650円
58-1 G

柴村恵美子
斎藤一人の不思議な「しあわせ法則」

あなたの不幸はみんなウソ。長者番付日本一の一人さんが教えてくれた、「いいこと」を引き寄せられる人の共通点。

630円
199-1 G

川北義則
男はお金とどうつき合うべきか
「男の器」の広げ方・32のコツ

お金で最も難しいのは、稼ぎ方ではなく上手な使い方。間違った使い方を正せば、未来が変わる。お金を生かすも殺すもあなた次第！

680円
194-1 G

日垣 隆
ラクをしないと成果は出ない
仕事の鉄則100

今年こそ仕事のやり方を変えよう！「やるべきこと」を圧縮し、「やりたいこと」を拡大する100のアイデア。

680円
158-1 G

古市幸雄
「1日30分」を続けなさい！
人生勝利の勉強法55

中卒、高卒、二流・三流大学卒のハンディは、継続的に勉強をすれば簡単に克服できる！ 50万人が夢や目標を実現できた勉強法を伝授。

680円
159-1 G

定価は税込み（5％）です。定価は変更することがあります。